D1695040

Kliniken Dr. Erler
Geschichte und Gegenwart

DR. ERLER
KLINIKEN

© Sandberg Verlag
Wiesentalstr. 32
90419 Nürnberg
www.geschichte-fuer-alle.de

Herausgeber:
Kliniken Dr. Erler gGmbH
Kontumazgarten 4-19
90429 Nürnberg
Tel.: 0911-2728-0
info@erler-klinik.de
www.erler-klinik.de
Koordination: Anja Saemann-Ischenko,
Kerstin Standfest

Gestaltung: Norbert Kühlthau, Nürnberg
Druck: Frischmann Druck, Amberg
2. aktualisierte und ergänzte Auflage,
Nürnberg 2023

ISBN: 978-3-930699-60-5

Daniel Gürtler

Bernd Windsheimer

Kliniken Dr. Erler
Geschichte und Gegenwart

DR. ERLER
KLINIKEN

INHALT

Vorwort

Prof. Dr. med. Martin Börner
Vorsitzender des Stiftungsvorstands
der Dr. Fritz Erler Stiftung

Markus Stark
Geschäftsführer der
Kliniken Dr. Erler gGmbH

▶ Unter dem Titel »Kliniken Dr. Erler – Geschichte und Gegenwart« möchten wir anlässlich unseres 60-jährigen Bestehens die Erfolgsgeschichte unserer orthopädisch-chirurgischen Fachklinik im Herzen Nürnbergs fortschreiben. Seit dem letzten Festband ist ein Jahrzehnt vergangen – 10 Jahre, in denen wir uns maßgeblich weiterentwickelt haben:

2013 wurde die DR. ERLER REHA in Betrieb genommen. Die Einrichtung mit 90 modernen Einzelzimmern bietet neben der stationären Rehabilitation auch vielfältige ambulante Angebote und ist auf Erkrankungen des Haltungs- und Bewegungsapparates spezialisiert. Die DR. ERLER REHA ist therapeutisch und räumlich – verbunden durch eine Brücke über die Straße – direkt an die DR. ERLER KLINIKEN angebunden.

Weitere Meilensteine sind die bauliche Aufstockung und Inbetriebnahme unserer Wahlleistungsstation KOMFORT PLUS mit 18 Einzelzimmern im gehobenen Luxussegment im Jahr 2021 sowie die Inbetriebnahme zweier neuer OP-Säle, von denen einer ein ultramoderner Hybrid-OP mit intraoperati-

vem CT bevorzugt für komplexe Wirbelsäuleneingriffe ist. Flankiert wurden diese baulichen Maßnahmen durch die Vergrößerung unserer zentralen Sterilgutversorgung und des Aufwachbereichs sowie dem Umbau der Notfallambulanz.

Fit bis ins hohe Alter: In unserem Endoprothetikzentrum der Maximalversorgung mit jährlich rund 1.000 Hüft-TEP und 850 Knie-TEP werden mithilfe präziser Planungstechnik und medizinischer Exzellenz zunehmend ältere Patientinnen und Patienten versorgt. Auch im Bereich der Unfallchirurgie haben wir auf den demographischen Wandel und die spezifischen Bedürfnisse unserer Patientinnen und Patienten reagiert. 2019 wurde dort der Bereich der Alterstraumatologie angegliedert und geriatri-

sche und anästhesiologische Konzepte zur Delirprävention implementiert. Des Weiteren haben wir im Januar 2022 eine Klinik für Innere Medizin in Betrieb genommen, welche die orthopädisch-chirurgisch ausgerichteten Kliniken unseres Hauses bei der medizinischen Versorgung begleitet und unterstützt – zum Wohl unserer Patientinnen und Patienten.

Mit »Return to Sports«, unserem neuesten Projekt, wenden wir uns an Freizeit- und Profisportler und bieten ihnen ein therapeutisches Konzept samt Leistungsdiagnostik zum Wiedereinstieg nach Verletzungspause an. In den kommenden Jahren werden wir uns noch digitaler und nachhaltiger aufstellen, frei nach dem Motto: Erler goes green.

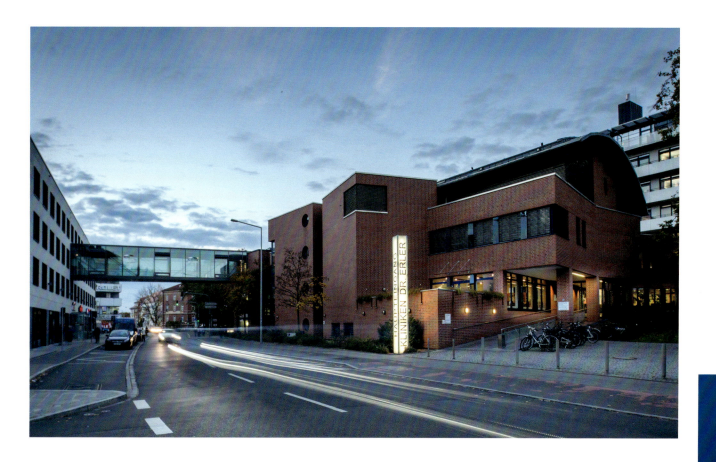

Immer schon haben wir uns den politischen und gesellschaftliche Herausforderungen gestellt: Große Innovationsbereitschaft, kurze Wege und flache Hierarchien sowie der ausgeprägte »Erler-Spirit« unserer engagierten Mitarbeiterinnen und Mitarbeiter zeichnen die Kliniken Dr. Erler gGmbH von Beginn an aus.

In diesem Sinne handeln wir bis heute im Geist unseres Namensgebers und Gründers Dr. Fritz Erler, der im Jahr 1963 in Nürnberg die erste gemeinnützige Klinik GmbH Deutschlands in Betrieb nahm. »Ein Mann, der mit Wagemut und der Energie des Einzelgängers ein bedeutendes Werk für die Gegenwart und Zukunft Nürnberg geschaffen hat«, würdigte der damalige Nürnberger Oberbürgermeister Andreas Urschlechter den leidenschaftlichen Unfallchirurgen im Jahr 1970 anlässlich der Verleihung der Bürgermedaille. Zur Absicherung seines Lebenswerks rief Dr. Erler 1987 die Dr. Fritz Erler Stiftung ins Leben, eine gemeinnützige öffentliche Stiftung des bürgerlichen Rechts, die bis heute als alleinige Gesellschafterin entscheidend dazu beiträgt, das Lebenswerk ihres Gründers dauerhaft zu erhalten.

Wir möchten allen herzlich danken, die nun schon 60 Jahre lang »ihre« Erler-Klinik unterstützen und begleiten – mit Worten und Taten, mit Lob und Kritik. Unser Dank gilt dem Freistaat Bayern für die großzügige Bewilligung der Fördermittel, ohne die unsere verschiedenen Bauvorhaben nicht hätten umgesetzt werden können. Unser besonderer Dank gilt unseren Mitarbeiterinnen und Mitarbeitern für ihr außerordentliches Engagement, unseren Patientinnen und Patienten für Ihr großes Vertrauen und allen Bürgerinnen und Bürgern der Stadt Nürnberg und der Region, für die die Erler-Klinik aus dem Stadtbild nicht mehr wegzudenken ist.

Das bis jetzt Erreichte begründet die Zuversicht, auch in Zukunft stets unserem Leitgedanken treu bleiben zu können: das Wohl des Menschen steht bei uns an erster Stelle.

Grußwort
des Oberbürgermeisters
der Stadt Nürnberg

▶ Zum 60. Geburtstag der Dr. Erler Kliniken gratuliere ich ganz herzlich. Ich konnte mich bei einem Besuch in der Klinik am Kontumazgarten im Frühjahr 2022 von der Leistungsfähigkeit überzeugen. Die vielen Auszeichnungen und Zertifikate in verschiedenen Kategorien sowie die zahlreichen positiven Bewertungen und Weiterempfehlungen durch die Patientinnen und Patienten bestätigen meinen Eindruck. Nicht nur durch die große, 60-jährige Tradition sind die Erler-Kliniken aus Nürnberg nicht mehr wegzudenken.

Ihr Gründer, Dr. med. Fritz Erler, war in vielerlei Hinsicht ein weit über Nürnberg hinaus hoch anerkannter Mediziner, und er war auch ein weitsichtiger Unternehmenslenker. Gründete Dr. Erler doch 1963, dem Geburtsjahr der Klinik, die erste gemeinnützige Klinik GmbH in Deutschland. Wir sind stolz, dass Dr. Erler in Anerkennung seiner Verdienste für die Stadt und die Menschen, die hier lebten und leben, 1970 die Bürgermedaille verliehen bekommen hat.

60 Jahre nach der Gründung – und in einer schwierigen Zeit für Krankenhäuser – ist Ihr Haus als Freigemeinnütziges Fachklinikum bestens aufgestellt. Stiftung und Klinikvorstand beweisen die Weitsicht des Klinikgründers. Sie haben erst vor einem Jahr eine Klinik für Innere Medizin in Betrieb genommen, seit 2019 Medizinische Versorgungszentren an drei Standorten etabliert und in den vergangenen fünf Jahren umfangreiche Baumaßnahmen in Angriff genommen –

wie zum Beispiel einen Hybrid-OP mit modernsten Diagnostikmöglichkeiten oder eine Komfort Plus Station.

Medizin braucht Fortschritt, Fortschritt braucht Investition. Sie bleiben nicht stehen, greifen den Wagemut Ihres Gründers immer wieder auf. Die Kliniken Dr. Erler decken somit seit Jahrzehnten wichtige Bereiche der medizinischen Versorgung in Nürnberg und der Metropolregion ab. Und: Wir wissen die Spieler der Nürnberger Ice Tigers bei Ihnen seit zehn Jahren in besten Händen.

Ich wünsche dem gesamten Team der Erler-Klinik alles Gute für die Zukunft!

Ihr

Marcus König

Grußwort des Bayerischen Ministerpräsidenten

▶ Bayern ist führendes Gesundheitsland. Leistungsfähige Kliniken sichern eine erstklassige medizinische Versorgung. Hochwertige und zukunftsfeste Strukturen im klinischen Bereich sind und bleiben der Bayerischen Staatsregierung ein wichtiges Anliegen. Im nationalen, europäischen und weltweiten Vergleich können sich unsere Leistungen und Standards sehen lassen.

Private Kliniken wie die Dr. Erler Kliniken in Nürnberg sind dabei unverzichtbar. Mit verschiedenen Spezialkliniken und Funktionsbereichen setzen sie Maßstäbe für ausgezeichnete Heilungserfolge und eine Betreuung der Spitzenklasse. Dafür sorgen exzellent ausgebildete und motivierte Mitarbeitende in allen Bereichen der Häuser. Zielgenaue Investitionen und Innovationen sichern optimale Betriebs- und Arbeitsbedingungen. Dazu zählt zum Beispiel die gerade abgeschlossene Modernisierung der Operationsräume und des Aufwachraums.

Mit ihrem umfassenden Engagement legen die Dr. Erler-Kliniken ein klares Bekenntnis zum Gesundheitsstandort Nürnberg ab und stärken die Gesundheitsversorgung in der Metropolregion nachhaltig. Herzlichen Dank für sechzig Jahre ausgezeichneter Arbeit, weiterhin viel Erfolg!

Dr. Markus Söder

Geschichte der
Kliniken Dr. Erler
in Schlaglichtern

Von der Gründung bis heute

1935-1994

Dr. Fritz Erler eröffnet in Nürnberg in der Fürther Straße 6 eine orthopädische Praxis. 1940 gründet er im gleichen Gebäude eine orthopädische Klinik mit 36 Betten für Unfallverletzte. Seit Eröffnung des Neubaus am Kontumazgarten 1965 ist hier die septische Station der Erler-Klinik untergebracht.

1937

Am Martha-Maria-Krankenhaus baut Dr. Erler im Auftrag der bayerischen gewerblichen Berufsgenossenschaften eine Unfallstation auf. Ende der 1930er Jahre zieht die Station in die orthopädische Klinik nach Schwaig-Malmsbach um.

1952–1990

Nach dem Erwerb des ehemaligen Kreiskrankenhauses Ellingen führt es Dr. Erler als Außenstation seiner orthopädischen Klinik in der Fürther Straße und als Ersatz der kriegszerstörten orthopädischen Unfallstation in Schwaig weiter.

1963

Gründung der ersten gemeinnützigen Klinik-GmbH Deutschlands und Baubeginn des neuen Krankenhauses am Kontumazgarten.

1965

Bezug der neuen Klinik mit Behandlungsbau, Notaufnahme und dem Haupthaus mit 300 Plätzen. Allein 200 Betten nutzt die 4. Medizin des Städtischen Klinikums.

1971–1976

Erweiterung des Klinikgebäudes auf 520
Betten, davon 242 für die 4. Medizin des
Städtischen Klinikums.

1976

Verleihung des bayerischen Verdienstordens
an Dr. Fritz Erler durch Ministerpräsident Alfons Goppel.

1987

Gründung der Dr. Fritz Erler Stiftung als
alleinige Gesellschafterin der Kliniken
Dr. Erler gGmbH.

1992

Herr Günther Schmidt löst den Übergangs-
geschäftsführer Gerhard Neveling ab
und übernimmt den Posten des Allein-
vertretungsberechtigten Geschäftsführers
der Klinik.

Dr. Fritz Erler wird im familieneigenen Grab
auf dem historischen St. Johannisfriedhof
beigesetzt.

1994

Auszug der 4. Medizinischen Klinik und Beginn der Generalsanierung des Klinikgebäudes. Integration der Zweigstelle Fürther Straße 6 und Auflösung derselben.

1995-1998

Der Neubau an der Deutschherrnstraße mit der neuen Operationsabteilung, dem Eingangsbereich mit Information, Notaufnahme, Großküche und Cafeteria wird als 1. Bauabschnitt der Sanierung realisiert.

1998-2005

In einem 2. und 3. Bauabschnitt erfolgt die grundlegende Sanierung des Bettenhauses, der Abbruch des Nordflügels zum Kontumazgarten und die Errichtung eines dreiflügeligen Neubaus.

2009

Abschluss der insgesamt 14 Jahre dauernden, umfassenden Erweiterung und Generalsanierung.

2010

Geschäftsführer Günther Schmidt wechselt in den Stiftungsrat der Dr. Fritz Erler Stiftung; Markus Stark übernimmt die Geschäftsführung.

2013

Eröffnung des Reha-Zentrums am Kontumazgarten mit 90 Einzelzimmern für stationäre Patienten.

2015

Erweiterung des Parkhauses auf 282 Stellplätze.

2019

Eröffnung des ersten DR. ERLER MVZ für die Behandlung allgemeiner orthopädischer Erkrankungen im Rahmen der Physikalischen und Rehabilitativen Medizin.

2018-2021

Aufstockung Bauteil D + E – Neubau Wahlleistungsstation.

2017-2022

Erweiterungsbau mit neuen OP-Sälen, Aufwachraum und Zentralsterilisation.

Eröffnung der Klinik für Innere Medizin.

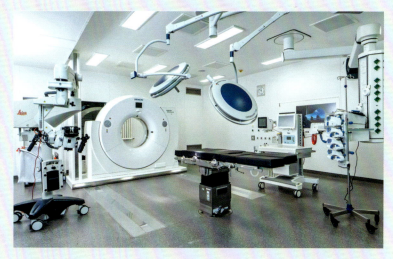

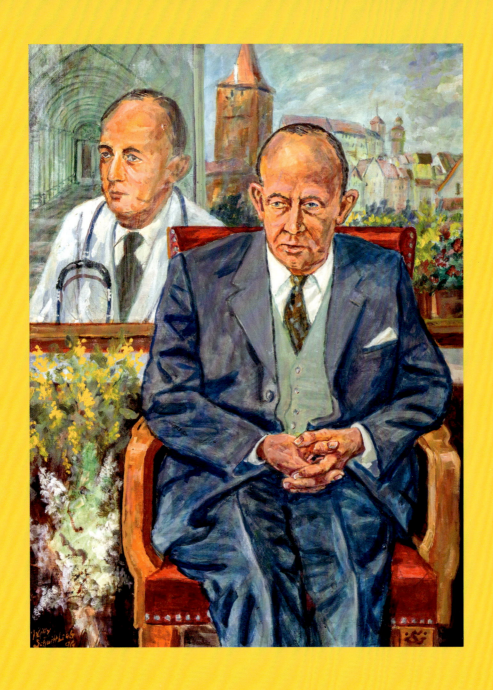

»*Ein Mann, der mit dem Wagemut und der Energie eines Einzelgängers ein bedeutendes Werk für die Gegenwart und Zukunft Nürnbergs geschaffen hat.*«

Oberbürgermeister Andreas Urschlechter anlässlich der Verleihung der Bürgermedaille am 16. Juli 1970

Arzt, Gründer und Stifter

Dr. Fritz Erler 1899–1992

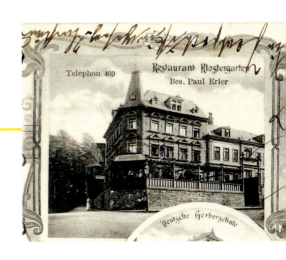

Geburtshaus Fritz Erlers in der Freiberger Kirchgasse 3

links: Ölgemälde Dr. Fritz Erlers von Willy Schmitt-Lieb, 1996

oben rechts: Fritz Erlers Großvater Paul Erler betrieb in Freiberg das Restaurant Klostergarten, Postkarte (Ausschnitt) verschickt am 31. Mai 1905

▶ Kindheit und Jugend

Fritz Paul Erler kam am 5. September 1899 im sächsischen Freiberg zur Welt, verbrachte aber bereits als Heranwachsender immer wieder Zeit in Nürnberg. Seine Mutter Luise, geborene Herbst, Tochter eines Lohnkutschers und späteren Spediteurs aus der Tucherstraße, besuchte mit Fritz häufig die Verwandten in Nürnberg. Fritz Erler scheint diese Aufenthalte genossen zu haben und pflegte auch in späteren Jahren weiterhin die familiären Kontakte.

In der Zeit vor dem Ersten Weltkrieg besuchte Fritz Erler zunächst Schulen in seiner Geburtsstadt Freiberg, später, nach dem Umzug der Eltern, in Dresden und Berlin. Fritz' Vater Paul Erler, ein Fabrikteilhaber aus Freiberg, fiel 1917 im Ersten Weltkrieg in Serbien. Er selbst musste die Schule abbrechen und leistete von März 1918 bis März 1919 seinen Wehrdienst als Flugmaat in der 1. Seefliegerabteilung in Kiel-Holtenau. Da die Kriegsschauplätze weit entfernt lagen, waren die Seeflieger in Holtenau kaum in Kampfeinsätze verwickelt. Ihnen oblag vor allem die Sicherung der Ostseezugänge durch Aufklärungsflüge sowie die Ausbildung des Nachwuchses.

Nach dem Tod ihres Mannes zog Luise Erler in das oberbayerische Oberaudorf, wo die Familie ein Grundstück besaß. Vermutlich lernte Fritz Erler hier Fanny Zerhoch kennen. Die Tochter wohlhabender Bauern mit großem Grundbesitz in Oberbayern unterstützte die Familie Erler. Es entwickelte sich zwischen Fritz und Fanny in den nächsten Jahren eine enge Freundschaft, die ein Leben lang hielt.

Medizinstudium und Facharztanerkennung

Nach Kriegsende folgte der inzwischen 20-jährige Fritz seiner Mutter nach Bayern und holte 1920 an der Münchner Luitpold-Kreisoberrealschule das Abitur nach. Noch im selben Jahr begann er ein

Medizinstudium an der Münchner Ludwig-Maximilians-Universität. Im Herbst 1925 bestand er das Staatsexamen und schloss im Januar 1927 sein Medizinstudium mit einer Promotion zum Thema »Über einen Fall von Atresie der Aorta am Isthmus« bei Professor Dr. Max Borst ab. Für seine knapp gefasste Dissertation beschrieb er nach einem Literaturbericht zu dem Thema auf zehn Seiten seine Autopsie einer Leiche und diskutierte den Befund sowie seine eigenen Thesen zu Ursachen, Krankheitsbild und Therapie. Um seine Mutter, die von einer kleinen Witwenrente leben musste, zu entlasten, entschied sich Dr. Fritz Erler gegen eine universitäre Laufbahn und eröffnete stattdessen 1926 in Elsendorf, südlich von Neustadt an der Donau, seine erste Arztpraxis. Die Einnahmen aus der Praxis sparte er für seine Facharztanerkennung. Nach zwei Jahren kehrte er nach München zurück und trat eine Assistenzarztstelle bei Professor Dr. Fritz Lange an der Orthopädischen Klinik in Harlaching an. Zu dieser Zeit galt die 1913 von Fritz Lange gegründete 250-Betten-Klinik mit großen Laboratorien und Spezialwerkstätten als die führende Forschungsanstalt für Orthopädie in Deutschland.

1932 verließ Dr. Erler die renommierte Klinik wieder, um an die Berliner Charité zu wechseln, wo er bei dem weithin bekannten Chirurgen Prof. Dr. Ferdinand Sauerbruch die Facharztanerkennung als Orthopäde und Chirurg erlangte.

Am Martha-Maria-Krankenhaus baute Dr. Fritz Erler ab 1936 eine Unfallstation auf, Postkarte um 1910

Ende der 1930er Jahre zog die von Dr. Fritz Erler geleitete Unfallstation in die orthopädische Klinik in Schwaig, 1928

Arztpraxis und Unfallstation in Nürnberg

Nach seiner Rückkehr nach München im Jahr 1933 arbeitete er als Chefarzt-Stellvertreter für die Berufsgenossenschaft Mälzerei in deren Unfallstation an der Fürstenfelder Straße. Als die gewerblichen Berufsgenossenschaften ihn 1935 baten, in Nürnberg eine Unfallstation für den nordbayerischen Raum aufzubauen, willigte er ein und ließ sich noch im selben Jahr in Nürnberg nieder. 1937 erhielt er vom Landesverband Bayern der gewerblichen Berufsgenossenschaften den Auftrag zur Gründung und Leitung einer nordbayerischen Sonderstation für Unfallverletzte. Er realisierte diese zunächst am Martha-Maria-Krankenhaus in der Sulzbacher Straße und später an der Orthopädischen Klinik in Schwaig.

Parallel hierzu betrieb er ab 1936 eine eigene Praxis in der Fürther Straße 6. Die anfangs sehr kleine Praxis im ersten Stock des Wohnhauses baute er in den kommenden Jahren systematisch aus und wandelte so bis 1940 das gesamte Gebäude in eine Unfallklinik mit 36 Betten um.

Während des Zweiten Weltkriegs konnte Dr. Fritz Erler wegen seiner wichtigen Funktion als Arzt und Klinikleiter in Nürnberg bleiben, war jedoch im Rahmen seines Wehrdienstes als Luftschutz-Sanitäts-Offizier und später als Leiter der Rettungsstelle im Färberschulhaus ge-

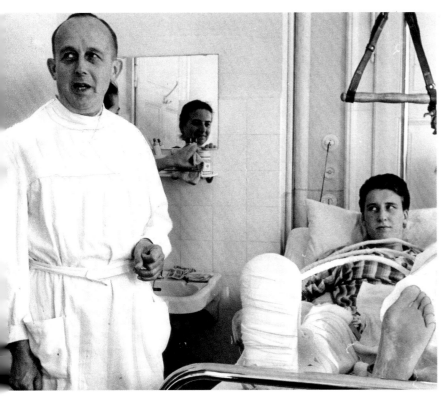

Seine Praxis in der Fürther Straße 6 baute Dr. Fritz Erler bis 1940 zu einer Unfallklinik um, 1976

Dr. Fritz Erler am Krankenbett eines 20-jährigen Mannes, dem bei einem Motorradunfall die rechte Ferse abgerissen worden war, 1965

Die Arbeit stand für Dr. Erler an erster Stelle. Nur in seltenen Momenten konnte man ihn ausgelassen erleben. Fotografie anlässlich einer Faschingsfeier, 1950er Jahre

Dr. Erlers langjährige Vertraute Fanny Zerhoch in den 1960er Jahren

Dr. Fritz Erler im Gespräch mit seiner Oberärztin Dr. Liselotte Frisch, um 1965

genüber dem Kulturverein eingesetzt. Seine Klinik in der Fürther Straße blieb von den Kriegseinwirkungen weitestgehend verschont, weshalb der Betrieb während und auch nach dem Krieg lückenlos fortgesetzt werden konnte. Dr. Fritz Erler genoss zu diesem Zeitpunkt in Nürnberg und Umgebung einen hervorragenden Ruf als Unfallchirurg und Orthopäde. Vor allem im Bereich der Erstversorgung von Arbeitsunfällen wurde seine Klinik zur wichtigsten Anlaufstelle der Stadt.

Neben seiner Klinik in der Fürther Straße eröffnete Dr. Fritz Erler 1951 im angemieteten ehemaligen Kreiskrankenhaus Ellingen eine weitere orthopädische Klinik. Diese ersetzte die durch Bombenschaden ausgefallene Abteilung in der Orthopädischen Klinik in Schwaig. Sie diente als Außenklinik für Nürnberg sowie als Unfallklinik für Weißenburg, Ellingen und Umgebung. Dr. Erler pendelte fortan zwischen Nürnberg und Ellingen hin und her.

GmbH-Gründung und Klinikneubau am Kontumazgarten

1959 sagte Dr. Fritz Erler über sich selbst: »Ich bin Arbeitsarzt und will gar nichts anderes sein.« Obgleich er bereits über 60 Jahre alt war, dachte Dr. Erler nicht daran, kürzer zu treten. Im Gegenteil: Er fing noch einmal ganz von vorne an und gründete am 31. Januar 1963 eine GmbH – gemeinsam mit seiner Vertrauten Fanny Zerhoch, da Einzelpersonen damals die Gründung nicht erlaubt war. Bald darauf

Der Klinikneubau am Kontumazgarten, 1965

kamen der Deutsche Paritätische Wohlfahrtsverband (Landesverband Bayern), die Stadt Nürnberg, die Süddeutsche Eisen- und Stahl-Berufsgenossenschaft und die Tiefbau-Berufsgenossenschaft als weitere Gesellschafter hinzu. Ziel der GmbH war der Bau einer neuen Unfallklinik. Mit Hilfe seines Steuerberaters Richard Gleisl gelang es Erler, noch 1963 die Umwandlung in die erste gemeinnützige GmbH der Bundesrepublik zu erreichen. Ermöglicht wurde dies auch durch Erlers Selbstlosigkeit: Er hatte kaum materielle Bedürfnisse und gab sich mit einem minimalen Geschäftsführergehalt zufrieden.

Als Bauplatz entschied man sich für zwei Grundstücke am Kontumazgarten, die sich im Besitz von Dr. Erler und der Stadt Nürnberg befanden. Baubeginn war 1963, der Klinikbetrieb in der Fürther Straße lief während der Bauzeit normal weiter.

Dr. Erler, der selbst in einem Haus auf einem der beiden Grundstücke wohnte, verfolgte die Arbeiten an seiner neuen Klinik mit großem Interesse. Zusammen mit seiner Oberärztin Dr. Liselotte Frisch besuchte er mehrmals pro Woche die Baustelle, stieg auf Leitern und ließ sich die Baufortschritte zeigen und erklären. Weil er über kein gutes räumliches Vorstellungsvermögen verfügte und sich daher die Dimensionen und die Aufteilung der neuen Krankenzimmer nicht vorstellen konnte, baute ihm Frau Dr. Frisch zusammen mit einigen Krankenschwestern in den Räumlichkeiten der Krankengymnastik in der Fürther Straße aus Stangen, Bändern und Einrichtungsgegenständen ein Zimmer nach. Beim Innenausbau verließ er sich dann vor allem auf die Erfahrung seiner Oberärztin sowie der Oberschwester.

Leben für die Klinik

Die neue Klinik am Kontumazgarten wurde 1965 eröffnet, Dr. Erler war damals 66 Jahre alt. Zu einem Zeitpunkt, an dem die meisten Menschen in Rente gehen, begann er einen neuen beruflichen Lebensabschnitt. Er übernahm die Leitung der neuen Klinik, die er bis wenige Jahre vor seinem Tod innehatte. Hierin spiegelt sich ein besonders wichtiger Charakterzug Dr. Erlers wider: Er lebte fast ausschließlich für seine Klinik und die Patienten. Was die Arbeit sowie die Arbeitszeiten anging, war er sowohl mit sich als auch mit seinen Mitarbeitern äußerst streng. Müßiggang, aber auch Verschwendung waren ihm zeitlebens zuwider. Dies zeigte sich bereits in Kleinigkeiten. So war er etwa der Ansicht, dass bei Mullbinden die Verwendung von Klammern oder Pflastern überflüssig sei. Viel einfacher sei es, den

21

URKUNDE

Die Stadt Nürnberg verleiht

Herrn Dr. med. Fritz Erler

in dankbarer Anerkennung der hervorragenden Verdienste um die Stadt Nürnberg

die

BÜRGERMEDAILLE DER STADT NÜRNBERG

Nürnberg, den 16. Juli 1970

(Dr. jur. Andreas Urschlechter)
OBERBÜRGERMEISTER

Verband aufzuschneiden und die Enden miteinander zu verknoten. Dies koste ihn kein zusätzliches Material, sondern lediglich die Arbeitszeit des Personals und dafür komme er ohnehin auf. Diese Sparsamkeit darf jedoch nicht mit Geiz verwechselt werden. Standen neue Anschaffungen an, so war er durchaus bereit, hierfür zu investieren und neue Gerätschaften zu erwerben, wie etwa beim Ausbau der Handchirurgie in den 1970er Jahren. Trotz seines oft recht schroffen Umgangs mit seinem Personal zeigte er sich diesem gegenüber auch wohlwollend. Zum Maiausflug erhielt jeder Mitarbeiter fünf Mark, am Bockbierfest stiftete er der Belegschaft ein Bierfass und anlässlich der Weihnachtsfeiern erhielt lange Zeit jeder Mitarbeiter ein individuelles Geschenk. Die Wünsche wurden dazu bei Frau Zerhoch abgegeben, die dann die Geschenke besorgte. An den Weihnachtsfeiern, eine der wenigen Veranstaltungen innerhalb der Klinik, an denen Dr. Erler teilnahm, ließ er es sich nicht nehmen, die Geschenke persönlich zu überreichen. Während zu den Feiern in Nürnberg immer auch Vertreter der Berufsgenossenschaften eingeladen wurden, liefen die Feiern in Ellingen wesentlich familiärer ab. Überhaupt scheint Dr. Erler eine gewisse Vorliebe für den kleinen und überschaubaren Betrieb in Ellingen gehabt zu haben.

Persönliche Bescheidenheit, öffentliche Ehrungen

Für sich selbst beanspruchte Dr. Erler nicht viel. Er lebte in bescheidenen Verhältnissen und auch sein Dienstwagen, ein Mercedes, war immer ein Gebrauchtwagen. Zudem galt er als öffentlichkeitsscheu, an Ehrungen und Auftritten lag ihm nicht viel. Zwar nahm er 1970 die ihm für seine vielfachen Verdienste im Bereich der Gesundheitsfürsorge verliehene Bürgermedaille der Stadt Nürnberg und sechs Jahre später den Bayerischen Verdienstorden an, als ihm dann jedoch 1980 das Verdienstkreuz am Bande des Bundesverdienstordens verliehen werden sollte, lehnte er die Auszeichnung ab.

An seinen Geburtstagen wollte er ungestört bleiben und verreiste daher. Dennoch konnte er es nicht vermeiden, dass ihm von verschiedenster Seite gratuliert wurde und er Blumengeschenke erhielt. Zu seinem 70. Geburtstag bekam die Klinik so viele Blumen zugesandt, dass sämtliche Vasen der Klinik nicht ausreichten, um diese unterzubringen. Daher beschloss Frau Dr. Frisch zusammen mit einer Mitarbeiterin, die Blumen in Dr. Erlers Wohnung zu bringen. Jedoch auch hier reichte der Platz kaum aus. Als Dr. Erler von seinem Urlaub zurückkehrte, war er außer sich. Seine Wohnung sehe aus wie ein Krematorium, beschwerte er sich bei seinen Mitarbeitern. Am nächsten Tag tauchte Dr. Erler dann mit einem

Ministerpräsident Alfons Goppel verlieh Dr. Fritz Erler am 21. Juni 1976 im Antiquarium der Münchner Residenz den Bayerischen Verdienstorden

Zum Zeitpunkt der Aufnahme im Jahr 1977 war Dr. Fritz Erler 78 Jahre alt. Nach wie vor leitete er als Geschäftsführer seine Klinik und mutete sich täglich ein hohes Arbeitspensum zu

Das schlichte und mit altem Mobiliar eingerichtete Arbeitszimmer Dr. Erlers
in seinem Haus in Allersberg in den 1980er Jahren

großen Blumenstrauß langstieliger roter und weißer Nelken, den er von der Stadt Nürnberg erhalten hatte, in der Klinik auf und verteilte diese an alle Mitarbeiter und Patienten.

Anlässlich von Dr. Erlers Geburtstagen galt in der Klinik lange die Tradition, dass jede Abteilung, die Dr. Erler zum Geburtstag gratulierte, einen Zwetschgenkuchen aus Dr. Erlers Garten in Allersberg erhielt. Hierhin war er 1970 gezogen, nachdem er bis 1962 in einem Gebäude auf dem Grundstück Kontumazgarten 14 gewohnt hatte und danach weitere acht Jahre in einer Wohnung am Weinmarkt in der Nürnberger Altstadt. Bei dem Haus in Allersberg handelte es sich um eine alte Jagdhütte mit angrenzendem Grundstück, auf dem sich die besagten Obstbäume befanden. Stand wieder einmal Dr. Erlers Geburtstag an, so fuhr ein Klinikmitarbeiter mit dem Bus nach Allersberg, pflückte die Zwetschgen und Dr. Erler fuhr sie im Kofferraum nach Nürnberg, wo sie zu Kuchen verbacken wurden. Diese Tradition wurde jedoch eingestellt, nachdem Dr. Erler merkte, dass viele Abteilungen ihm lediglich gratulierten, um einen der Kuchen zu bekommen.

Auch andere Besorgungen für die Klinik wurden von Dr. Erler regelmäßig in seinem Dienstwagen transportiert. So war es etwa lange Zeit üblich, dass immer, wenn Dr. Erler nach Ellingen fuhr, eine bis zwei große Milchkannen voll mit Essensresten in den Kofferraum gepackt wurden, um an die klinikeigenen Schweine in Ellingen verfüttert zu werden.

Klinikleitung und Stiftungsgründung

Ab den 1970er Jahren betrat Dr. Erler die Klinik am Kontumazgarten nur noch selten, und mit der Ernennung Dr. Heinz Brebecks zum Chefarzt der Unfallchirurgie im Jahr 1975 operierte er kaum mehr selbst. Er verbrachte nun einen großen Teil der Zeit in seinem angemieteten Büro im Haus Kontumazgarten 11, gegenüber der Klinik. Die Ärzte und übrigen Mitarbeiter wurden fortan telefonisch mit einem bestimmten »Kommen Sie« in das Büro zitiert.

So schroff Dr. Erler jedoch auf der einen Seite seinen Mitarbeitern gegenüber wirkte, so fürsorglich war er auf der anderen Seite gegenüber den Patienten. Gerne gab er hier auch Ratschläge zu Hausmittelchen und Ähnlichem. Sehr be

Dr. Fritz Erler wurde im Familiengrab seiner Mutter auf
dem Johannisfriedhof beigesetzt, Fotografie 2009

liebt waren bei ihm beispielsweise Quark-
wickel, die er in Ellingen herstellen ließ,
oder das Setzen von Blutegeln.

Obgleich Dr. Fritz Erler einige Aufgaben im Laufe der 1970er Jahre abgab, versucht er auch weiterhin, die Kontrolle
über die Klinik zu behalten und mitzu-
entscheiden. Seine Arbeitstage begannen
in der Regel um 6:30 Uhr; Urlaub, Frei-
zeit oder Krankheit kannte er nicht. So
schrieben etwa die Nürnberger Nachrichten 1979 anlässlich von Dr. Erlers Geburtstag: »Mit 80 Jahren bewältigt Dr. Erler immer noch ein 14-stündiges Arbeitspensum, Werktags wie Sonntags.«

Dr. Erler war nie verheiratet und hatte keine eigene Familie, weshalb er fürch-
tete, dass sein Lebenswerk nach seinem
Tod verloren gehen könnte. Auf Anraten
seiner Anwälte gründete Dr. Erler als Trä-
gerin der gGmbH 1987 eine gemeinnützige öffentliche Stiftung des privaten
Rechts. Die Tragweite dieser Entscheidung schien Dr. Erler jedoch nicht ganz
klar gewesen zu sein, denn mit der Gründung der Stiftung verlor er auch den direkten Einfluss auf die Klinik, welchen er
bis zu diesem Zeitpunkt faktisch innege-
habt hatte. Die Entscheidungen trafen
fortan die Stiftungsorgane. Zudem wurde
nun auch sein Wohnsitz in Allersberg for-
mal dem Klinikvermögen zugerechnet.
Dr. Erlers Versuche, die Stiftung rück-
gängig zu machen, scheiterten. Bedenken
hatte vor allem das Bayerische Staatsministerium des Innern, welches die Sorge
hegte, Dr. Erler könne versuchen, sein eigenes Lebenswerk zu zerstören. Die Be-
fürchtung war hierbei, dass die dringend
notwendigen Sanierungen ins Stocken
geraten könnten und auch die Beteiligung
am Durchgangsarztverfahren widerrufen
werden könnte, wodurch der Klinik die
Existenzgrundlage entzogen worden
wäre.

Seine letzten Lebensmonate verbrachte Dr. Fritz Erler in einer Seniorenresi-
denz in Stein bei Nürnberg, wo er unter
anderem von einem Arzt seiner Klinik
versorgt wurde. Er starb am 10. September 1992, wenige Tage nach seinem 93.
Geburtstag. Unter großer Anteilnahme
wurde Dr. Erler im Familiengrab seiner
Mutter auf dem Nürnberger Johannisfriedhof beigesetzt.

Von der Praxis zur Klinik

Die Fürther Straße 6 1935–1994

links: Aquarell des Anwesens Fürther Straße 6, das mit kurzen Unterbrechungen von 1940 bis 1994 als Klinik diente

Blick in die Fürther Straße Richtung Plärrer, um 1929: Die meisten der repräsentativen Anwesen entstanden ab den 1870er Jahren

oben rechts: Nach dem Neubau am Kontumazgarten und einer grundlegenden Sanierung diente das Anwesen Fürther Straße 6 als septische Station

▶ **Wohnhaus und Praxis Fürther Straße 6**

1935 zog Dr. Fritz Erler im Auftrag der Berufsgenossenschaften nach Nürnberg, um eine berufsgenossenschaftliche Unfallstation für Nordbayern aufzubauen. Diese war in den ersten Jahren am Martha-Maria-Krankenhaus in der Sulzbacher Straße untergebracht.

Neben seiner Arbeit am Krankenhaus betrieb Dr. Erler in der Fürther Straße 6 eine orthopädische Praxis.

Das Wohnhaus Fürther Straße 6 hatte der Architekt David Röhm 1879 für den Nürnberger Kaufmann Samuel Geiersdörfer errichtet, einen wohlhabenden Holz- und Brettergroßhändler. Das Gebäude war eines der ersten auf dieser Seite der Fürther Straße, der Garten des Hauses erstreckte sich die gesamte

Rosenaustraße hinab bis zur Parkanlage Rosenau. Diese war nach 1827 von Johann Wiß, einem Assessor am Nürnberger Handelsappellationsgericht angelegt und nach dessen Frau Rosina benannt worden. Besagter Park reichte ursprünglich bis an die Fürther Straße heran und wurde ab 1879 teilweise in Bauland umgewandelt. Nach mehreren Besitzerwechseln gelangte das Wohnhaus Geiersdörfers schließlich in den Besitz des Nürnberger Schularztes Wilhelm Kreitmeier. Nach seinem Tod 1935 ging das Gebäude an dessen Ehefrau über, die weiterhin eine Wohnung im ersten Stock des Hauses bewohnte. Auf derselben Etage betrieb Dr. Erler in einer ehemaligen Wohnung ab 1935 seine Praxis. Zu diesem Zeitpunkt war das Gebäude an sieben weitere Parteien vermietet. So befand

sich beispielsweise bis 1939 im Dachgeschoss die Bezirksdirektion der Oldenburgischen Versicherungsgesellschaft.

Klinikeröffnung 1940

Bis 1939 nutzte Dr. Erler lediglich eine der Wohnungen im ersten Stock des Hauses für seine Praxis. Erst 1940 begann er weitere Teile des Gebäudes hinzuzumieten. Das Sprechzimmer befand sich fortan im Erdgeschoss; im ersten, zweiten und dritten Stock nutzte Dr. Erler Räume für seine Klinik.

Nur im zweiten Stock blieben auch weiterhin zwei Wohnungen erhalten, die von einem Arzt und einer Buchhändlerin bewohnt wurden. Dennoch konnte man von diesem Zeitpunkt an von einer Kli-

nik sprechen und nicht mehr nur von einer Praxis. Der Wohnhauscharakter blieb jedoch auch weiterhin weitestgehend erhalten. So verfügte jedes Stockwerk lediglich über eine Toilette, eine Trennung zwischen männlichen und weiblichen Kranken, beziehungsweise Patienten und Personal existierte nicht. Viele der Zimmer waren Durchgangszimmer mit vier bis sechs Betten. Die Klinik hatte zwar sehr hohe Räume, die dadurch großzügiger wirkten, insgesamt war die Klinik jedoch sehr verschachtelt. Im Ärztezimmer konnten die Ärzte ihre Mahlzeiten zu sich nehmen. Darüber hinaus befand sich hier eine Liege für die Nachtschicht. In diesem Ärztezimmer fanden lange Zeit auch die Weihnachtsfeiern mit den Vertretern der Berufsgenossenschaften statt.

Der Operationssaal war nicht gefliest, sondern lediglich mit Linoleum ausgelegt. Auch über einen Aufzug verfügte die Klinik lange Zeit nicht. Die Patienten mussten von einem in das andere Stockwerk getragen werden, auch Dr. Erler packte hier regelmäßig mit an.

Während des Krieges nahm die Zahl der Patienten stark zu. Die Krankentransporte hielten in der Einfahrt zwischen den Häusern Nummer 6 und Nummer 4. Wegen ihres Status als kriegswichtige Einrichtung erhielt die Klinik zusätzliche Essensrationen sowie Zugang zu Baumaterial. So konnten die Bombenschäden an Fenstern und Türen rasch wieder behoben werden. Wegen der Luftangriffe musste der Dachboden geräumt werden, der Keller wurde als

Für den Umzug von Patienten und Einrichtung in den Klinikneubau am Kontumazgarten im Oktober 1965 standen Lastwagen der Bereitschaftspolizei und Krankentransporter des Roten Kreuzes bereit

Luftschutzraum genutzt. Um den nun fehlenden Lagerplatz auszugleichen, ließ Dr. Erler im Hof einen Schuppen errichten. Wegen der Gefahr durch Brandbomben erhielt der Raum ein Betondach.

Die Klinik blieb im Krieg unzerstört, so dass der Betrieb in der Nachkriegszeit ohne Unterbrechung weitergehen konnte. Die Erler-Klinik war zu diesem Zeitpunkt eine der Hauptanlaufstellen für Unfallverletzte in Nürnberg.

Der Platz in dem umgebauten Wohnhaus reichte bald nicht mehr aus, weshalb auf der gegenüberliegenden Straßenseite weitere Räume angemietet wurden. Hier arbeitete seit den 1950er Jahren die Krankengymnastik, die Verwaltung sowie die Telefonzentrale. Zuvor hatte sich die Verwaltung im Dachge-

schoss der Fürther Straße 6 befunden, direkt neben einem kleinen Raum, der Dr. Fritz Erler als Büro und Übernachtungsmöglichkeit diente.

Zunehmende Enge

Trotz Dr. Erlers zeitweilig recht harschem Umgangston gegenüber seinen Mitarbeitern war das Betriebsklima in der Klinik gut. Zwar gab es in einigen Bereichen häufige Personalwechsel, hier vor allem bei den Ärzten, jedoch zeigen die vielen langjährigen Mitarbeiter eine enge Verbundenheit mit der Klinik. So blieb etwa Dr. Erlers erste Oberärztin, Dr. Liselotte Frisch, 20 Jahre bei der Klinik (1956-76), die Krankengymnastin Ursula Heumann war gar 41 Jahre hier tätig (1958-99).

Neben der teilweise veralteten Ausstattung wurden vor allem die beengten Verhältnisse in den 1950er Jahren zunehmend zu einem Problem. Dr. Erler war zu diesem Zeitpunkt D-Arzt (Durchgangsarzt) und damit für die Versorgung fast aller Arbeitsunfälle im Nürnberger Stadtgebiet zuständig. Die Erler-Klinik übernahm hierbei die unfallchirurgische und orthopädische Erstversorgung bei Arbeitsunfällen. Die Klinik überwies die Patienten anschließend an Allgemein- beziehungsweise Fachärzte und erstellte einen Bericht, der an die Berufsgenossenschaften, den für die Weiterbehandlung zuständigen Arzt sowie an die Krankenversicherungsträger weitergeleitet wurde. Vor allem das Erstellen dieser Berichte stellte eine zeitaufwändige Zusatzarbeit der Ärzte dar und vergrößert den Verwaltungsapparat der Klinik. Auch die Anmietung der zusätzlichen Räume auf der gegenüberliegenden Seite der damals noch sehr stark befahrenen Fürther Straße brachte nicht die gewünschte Entlastung. Daher begannen Ende der 1950er Jahre die Planungen für einen Klinikneubau, an dessen Umsetzung auch das Personal, hier vor allem Dr. Liselotte Frisch und die Oberschwester beteiligt wurden.

Umzug in den Klinikneubau

Der Umzug in die neue Klinik am Kontumazgarten fand im Oktober des Jahres 1965 bei vollem Betrieb statt. Um diesen möglichst kostensparend abzuwickeln, fragte Dr. Frisch die Nürnberger Bereitschaftspolizei an, deren Mitglieder regelmäßig in der Klinik behandelt wurden, ob diese nicht im Rahmen einer Übung beim Umzug helfen könnten. Diese sagte zu und stellte neben Personal auch Lastkraftwagen zur Verfügung. Ebenso packte das gesamte Klinikpersonal bei dem Umzug mit an. Um zu gewährleisten, dass am Abend alle Patienten auch in den richtigen Zimmern lagen, bekam jeder Patient ein Pflaster mit der neuen Zimmernummer aufgeklebt. Ähnlich wurde mit dem Gepäck der Patienten sowie den Betten verfahren. Die Gerätschaften und Betten wurden in offenen Wagen zur neuen Klinik transportiert, Personen in gedeckten LKWs sowie in einigen Krankenwagen. Zur Belohnung erhielten alle Helfer am Abend ein üppiges Essen.

Wegen der großen Menge an Geräten, Betten und anderem Material konnte der

Das gesamte Klinikpersonal packte beim Umzug mit an. Als Dank für die Mithilfe erhielten alle ein gemeinsames Abendessen

Klinikchef Dr. Fritz Erler führte 1977 Gesundheitsexperten durch den neuen Operationssaal der sanierten Klinik in der Fürther Straße.
Mit dabei war auch der Chefarzt der Erler Klinik, Dr. Heinz Brebeck (zweiter von rechts)

Umzug nicht an einem Tag über die Bühne gehen. Die Krankengymnastik zog deshalb erst eine Woche später um. Hierbei stellte eine der beteiligten Baufirmen einen Lastkraftwagen kostenlos zur Verfügung, auf den dann die Gerätschaften geladen wurden. Die Krankengymnastin Frau Heumann saß oben auf, sicherte die Ladung und hielt die Rotlichtlampe fest.

Septische Klinik

Während die Fürther Straße 6 im Besitz der Klinik blieb, wurde das gegenüberliegende Gebäude wenig später abgerissen und durch einen Neubau ersetzt. Im Erdgeschoss des Hauses befindet sich heute eine Buchhandlung.

Die ehemalige Klinik diente anfangs noch als Septische Abteilung, dann zeitweilig als Wohnheim für Gastarbeiter und wurde schließlich für Personalräume und als Lager genutzt. 1977 ließ Dr. Erler das Gebäude in der Fürther Straße auf eigene Kosten grundlegend sanieren. Das Wohnhaus wurde vollständig entkernt und erhielt neben neuer Sanitäranlagen und einem neuen Operationssaal auch einen hydraulischen Bettenaufzug. In den Krankenzimmern im ersten und zweiten Stock gab es fortan eine Klimaanlage. Zudem wurden neue Schallschutzfenster eingebaut. Im Keller installierte man ein Notstromaggregat. Die Fürther Straße 6 diente nun wieder als septische Station der Kliniken Dr. Erler mit 36 Betten. Der

Umbau ermöglichte eine klare Trennung der septischen von den übrigen Abteilungen. Die Klinik in der Fürther Straße nutzte zwar die Küche am Kontumazgarten mit, verfügte aber ansonsten über eine eigene Wäscherei, Reinigung und Versorgung. So waren die Kittel in der Fürther Straße grün, die am Kontumazgarten blau.

Mit dem Umzug der 4. Medizin in das neu gebaute Südklinikum 1994 zog die septische Abteilung zurück in die Klinik am Kontumazgarten. Das Gebäude beherbergt heute ein Seniorenwohnheim.

Die Außenklinik Ellingen

1952-1990

Bedingt durch die starken Kriegszerstörungen in Nürnberg entwickelte sich im und nach dem Zweiten Weltkrieg die unweit von Weißenburg gelegene barocke Deutschordensstadt Ellingen zu einer Ausweichstation mehrerer Nürnberger Institutionen. So fand bereits 1943 die Akademie der bildenden Künste im Ellinger Schloss Unterschlupf, seit 1952 nutzte Dr. Erler das ehemalige Kreiskrankenhaus in der Hausener Gasse 25 als Außenstation für seine Nürnberger Klinik in der Fürther Straße und als Ersatz für seine Unfallstation in der kriegszerstörten Orthopädischen Klinik in Schwaig.

Nachbehandlung und Arbeitsunfälle

Das Hauptgebäude der späteren Dr. Erler Klinik in Ellingen wurde ab 1910 errichtet. Am 8. Januar 1912 eröffnete hier das »Distriktkrankenhaus«, das spätere Kreiskrankenhaus. Nach dem Zweiten Weltkrieg wurde die Klinik aus Kostengründen geschlossen. 1950 gab es zwar Pläne, das Gebäude zu einer orthopädischen Klinik auszubauen; diese wurden jedoch nicht realisiert. Stattdessen pachtete die Stadt Ellingen das Gebäude für zehn Jahre unentgeltlich vom Kreis und vermietete es zu günstigen Konditionen an Dr. Erler weiter. Die Dr. Erler Klinik in Ellingen öffnete am 1. März 1952 ihre Pforten und diente fortan als Außenklink für Nürnberg. Viele der Patienten wurden vorher in Nürnberg operiert und kamen dann zur Nachbehandlung nach Ellingen – auch weil Dr. Erler hier deutliche niedrigere Kosten hatte. Zudem behandelte Dr. Erler hier Unfälle aus dem Umkreis Ellingens. Wegen seiner Funktion als Durchgangsarzt durfte Dr. Erler eigentlich nur Arbeitsunfälle behandeln. Er ignorierte diese Regelung jedoch und behandelte und operierte auch andere orthopädisch Kranke. Diese Behandlungen bot er häufig sogar unentgeltlich an.

Bei den Feiern in der Außenklinik Ellingen fühlte sich Dr. Erler am wohlsten; hier eine Weihnachtsfeier in den 1970er Jahren. Die Klinikküche bereitet den Mitarbeitern ein Festessen. Dr. Erler hingegen bevorzugte gebratene Selleriescheiben

Die Klinik verfügte über 45 Betten in Zwei- und Dreibett-Zimmern. Neben einem Arzt, den Krankenschwestern und dem Verwaltungspersonal beschäftigte die Klinik einen eigenen Metzger, einen Mechaniker und einen Maler: Insgesamt arbeiteten in der Klinik 36 Personen. Ähnlich wie in Nürnberg herrschte auch in Ellingen unter den Mitarbeitern ein sehr gutes Verhältnis, die Beziehung zum Klinikchef war hingegen in Teilen kompliziert. Bezüglich seiner Fähigkeiten als Chirurg und Orthopäde genoss Dr. Erler in Ellingen jedoch einen sehr guten Ruf.

Der stets sparsame Dr. Erler versuchte auch im Bereich der Patienten- und Personalverpflegung die Kosten gering zu halten. So gehörten zur Ellinger Klinik ein Schweinestall und ein Obstgarten.

Mit dem Fleisch der Tiere und dem Obst wurden die Küchen der Ellinger und der Nürnberger Klinik beliefert.

Kauf des Klinikgebäudes

Mitte der 1950er Jahre erwarb Dr. Erler das Gebäude für den außergewöhnlich niedrigen Preis von einer Mark pro Quadratmeter. Die Stadt Ellingen ging auf diesen Preis ein, weil Dr. Erler den Ausbau der Klinik versprach und die Einrichtung – zurecht – als einen wichtigen Wirtschaftsfaktor für Ellingen und die Region anpries. Obgleich über viele Jahre hinweg Pläne bestanden, die Klinik auszubauen, wurden nur wenige Planungen verwirklicht: In den 1960er Jahren erhielt die Klinik einen an die Außenfassade angebauten Aufzug. In den 1980er Jahren, nur wenige Jahre vor der Schließung, errichtete man einen Verbindungsgang, der fortan das Hauptgebäude mit dem langgezogenen Bau der sogenannten Gartenklinik verband. Zur selben Zeit wurde auch der Operationssaal erneuert.

Schlichte Ausstattung

Die Ausstattung der Ellinger Klinik war bis zu diesem Umbau wesentlich einfacher als in Nürnberg. Zwar verfügte die Klinik über einen Operationssaal sowie ein Röntgengerät, das Lachgas für die Operationen musste allerdings aus Nürnberg mitgebracht werden. Die Stromversorgung im Operationssaal bereitete immer wieder Probleme. Der gesamte Raum verfügte nur über zwei Sicherungen, die regelmäßig heraussprangen und dann von einer Krankenschwester wieder hineingedreht werden mussten. Trotz der schwierigeren Arbeitsbedingungen fühlte sich Dr. Erler in Ellingen wohler als in Nürnberg. Der Betrieb war kleiner und familiärer als in der großen Klinik am Kontumazgarten. Hinter der Klinik befand sich ein kleines Häuschen, in dem Dr. Erler während seiner Ellingen-Aufenthalte übernachtete. Regelmäßig unternahm er kleine Spaziergänge, meist zu einer Eiche oberhalb der Klinik. Hierbei stoppte er immer die Zeit, um zu sehen, wie lange er brauchte.

Zwar verfügt die Ellinger Klinik über einen eigenen Arzt, jedoch operierte dieser nicht. Für Operationen und aufwändigere Behandlungen kamen Dr. Erler oder ein anderer Arzt der Nürnberger Klinik nach Ellingen. So führte in den 1960er Jahren Dr. Jörg Eppinger alle paar Wochen Hüftoperationen durch und auch Dr. Liselotte Frisch besucht die Klinik regelmäßig. Dr. Fritz Erler operierte bis 1979 in der Ellinger Klinik und damit einige Jahre länger als in Nürnberg.

Schließung und Abriss

Trotz einer Auslastung von über 90 Prozent erwirtschaftete die Klinik über Jahre hinweg ein Defizit. Ursache hierfür waren zum einen verhältnismäßig hohe Personalkosten, zum anderen der niedrige Pflegesatz: er betrug in Ellingen etwa 100 Mark und war damit deutlich geringer als der an der Nürnberger Klinik. Die Dr. Fritz-Erler-Stiftung entschied

Die Ellinger Erler-Klinik ist Geschichte

ELLINGEN – Der Abbruch der ehemaligen Erler-Klinik in Ellingen ist in den vergangenen Tagen auf Hochtouren gelaufen *(unser Bild)*. Gestern war von dem stattlichen Gebäude, dessen Haupttrakt aus dem Jahr 1910 stammt, praktisch nichts mehr zu sehen außer den Schuttresten. Damit ist auch ein Stück Ellinger Geschichte von der Bildfläche verschwunden. Insgesamt wurden bzw. werden von der ausführenden Firma Stummer (Weißenburg) nach dem Abriss 1 500 Kubikmeter Bauschutt und 800 Kubikmeter Beton abgefahren. Im Anschluss an den Abbruch folgen die Aushubarbeiten für den künftigen Supermarkt, der auf dem 9500 Quadratmeter großen Areal gebaut wird. Hier werden etwa 5000 Kubik bewegt. Alles in allem sind die Abbrucharbeiten sehr zügig und reibungslos erfolgt. Zügig soll auch der künftige Einkaufsmarkt hochgezogen werden. Die Fertigstellung ist bis September anvisiert. Falls es keine Hürden mehr gibt, wird dann auch ein langgehegter Wunsch für die Deutschordensstadt wahr. Foto: Mühling

Die ehemalige Außenklinik in Ellingen wurde im Frühjahr 2008 abgebrochen. Weißenburger Tagblatt Februar 2008

deshalb 1990 schweren Herzens, die Klinik zum 31. Juli des Jahres zu schließen. Für das Personal kam die Schließung überraschend. Sie waren davon ausgegangen, dass die Klinik mindestens bis zum Umzug der 4. Medizin vom Kontumazgarten in das Südklinikum, dessen Eröffnung für das Jahr 1994 geplant war, erhalten bleiben würde. Zwar wurde den Angestellten angeboten, nach Nürnberg zu wechseln, dies erschien jedoch vielen Beschäftigten als nicht machbar, vor allem denen, die täglich nur wenige Stunden oder im Schichtdienst arbeiteten. »Bei meinen unregelmäßigen Dienstzeiten wäre ich im Winter doch zweieinhalb Stunden unterwegs, und das oft Nachts«, klagte eine Krankenschwester.

Auch die Regierung von Mittelfranken zeigte sich von der Entscheidung überrascht. Erst kurz zuvor hatte die Klinik Zuschüsse in Höhe von 160.000 Mark für Umbauarbeiten aus Ansbach erhalten. Von Seiten der Gemeinde Ellingen gab es daraufhin Überlegungen, das Haus unter einem neuen Träger zu erhalten. Optionen waren ein Rehabilitationszentrum für schädel- und hirnverletzte Unfallopfer unter Trägerschaft der gewerblichen Berufsgenossenschaft oder eine Dependance des Elisabethen-Altenheims. Alle Nutzungspläne verliefen jedoch im Sande, weshalb das Gebäude im Februar 2008 abgerissen wurde. Das Grundstück ist heute mit einem Supermarkt überbaut.

Der Kontumazgarten, 2022

Der Kontumazgarten

Von der Warenquarantäne zur Parkanlage

▶ **Gartenanwesen mit Herrenhaus**

Zwischen dem Hallertürlein und der Großweidenmühle erstreckt sich mit der Hallerwiese Nürnbergs älteste öffentliche Grünanlage. Der am gegenüberliegenden Pegnitzufer gelegene Kontumazgarten bildet scheinbar ihr räumliches Gegenstück. Allerdings entstand diese Parkanlage, trotz ihres alten Baumbestands, erst in den 1960er Jahren im Rahmen eines Grundstücktausches im Zusammenhang mit dem Neubau der Kliniken Dr. Erler.

Bereits seit dem späten Mittelalter war die Reichsstadt Nürnberg von einem grünen Gürtel aus Nutz- und Lustgärten umgeben. Diese Anwesen befanden sich vor allem in Johannis und Gostenhof, aber auch im Norden und Osten der Stadt, wo die Namen der beiden Stadtteile Gärten

hinter der Veste und Gärten bei Wöhrd noch heute daran erinnern. In diesem Zusammenhang entstand auch zwischen der Deutschherrenbleiche – im Bereich der heutigen Rosenau – und der Kleinweidenmühle, direkt am Ausfluss der Pegnitz aus der Altstadt, ein großes Gartengrundstück. Die westliche Grenze bildete hierbei der sogenannte Fuhrweg, der von der Kleinweidenmühle zum Spittlertor führte. An dieser Stelle verläuft heute die Praterstraße.

Die Quellen weisen im 15. Jahrhundert die Nürnberger Patrizierfamilie Holzschuher als Eigentümer des Grundstücks aus, bevor diese es 1531 an einen gewissen Endres Geuder verkaufte. Beide Familien gehörten zu den ältesten und angesehensten Patrizierfamilien der Reichsstadt und sind seit dem 13. Jahrhundert in Nürnberg nachweisbar.

oben rechts: Die Statue des altpersischen Königs Kyros III. am Ostende der Grünanlage stammt aus einem der aufgelassenen Gartenanwesen, 2022

37

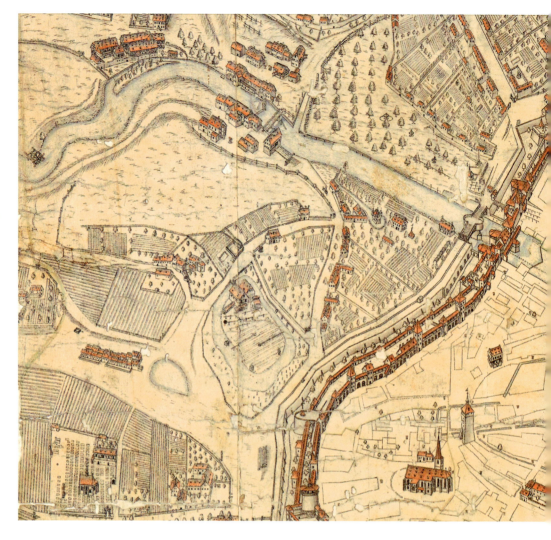

In dem Plan der Nürnberger Landwehr des Kartografen Hans Bien aus dem Jahr 1620 ist das spätere Areal des Kontumazgartens mit einem 1585 errichteten und von einem kleinen Weiher umgebenen Herrenhaus bereits zu erkennen: Das hier noch dreieckige Grundstück liegt unmittelbar vor der Stadtmauer an der Südseite der Pegnitz

Zerstörung und Wiederaufbau

Während des Zweiten Markgrafenkrieges in der Mitte des 16. Jahrhunderts, den die Stadt Nürnberg gegen den Ansbacher Markgrafen Albrecht Alcibiades führte, wurden 1552 alle auf dem Gelände befindlichen Bauten abgebrochen. Hierbei handelte es sich um eine Vorsichtmaßnahme der Stadt, die alle Gebäude im direkten Festungsvorfeld der Stadt ereilte. Das Ziel war es, den heranrückenden Truppen keinerlei Deckung zu bieten und zu verhindern, dass diese sich dort verschanzen konnten.

Nach mehreren Besitzerwechseln erwarben um 1585 die beiden italienischen Kaufleute Frane und Francesco Franchi das Grundstück. Es waren vermutlich diese beiden Brüder, die auf dem Gelände ein repräsentatives, von einem Weiher umgebenes Herrenhaus sowie ein Voigthaus (Verwaltungsgebäude) und ein Wasserwerk zum Betrieb einer Fontäne und weiterer Wasserspiele errichten ließen.

Ein Teil des Gartens fiel 1632 während der Belagerung Nürnbergs durch den kaiserlichen Heerführer Wallenstein dem Bau von Schanzen zum Opfer. Diese wurden auf Anordnung des schwedischen Königs Gustav Adolf an den Ein- und Ausflüssen der Pegnitz sowie an den Stadttoren errichtet. Die Form des großen Vorwerks war bis zum Ende des Zweiten Weltkriegs in den Grundstückslinien erkennbar.

Um die Mitte des 17. Jahrhunderts erwarb der Nürnberger Kaufmann Georg Vargeth den Garten mit Herrensitz und ließ diesen 1669 grundlegend umbauen. Der Herrensitz wurde nun zu einem Weiherhaus im Stil des Manierismus umgestaltet, einem Übergangsstil zwischen Renaissance und Barock. Hinzu kam ein als »Langhaus« bezeichnetes neues Herrenhaus.

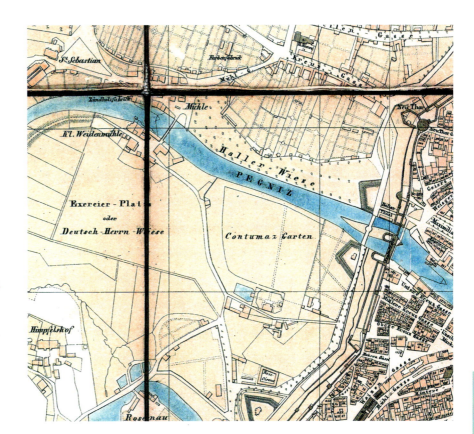

Die beiden Stadtplanausschnitte von 1845 und 1937 zeigen deutlich die Veränderung des Kontumazgartens. Das einst große Gartengrundstück wurde in mehrere langgestreckte Parzellen aufgeteilt, an deren Südende repräsentative Wohnhäuser errichtet wurden

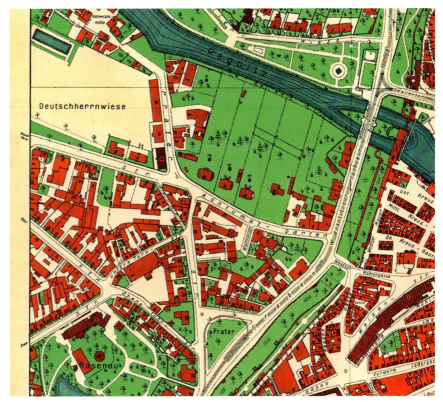

Quarantäneeinrichtung für Waren

Etwa zur gleichen Zeit entstand etwas südlich des Herrensitzes die sogenannte Warenkontumaz. Hierbei handelte es sich um eine Quarantänestation, in welcher Waren vor der Einfuhr in die Reichsstadt zwischengelagert werden mussten. Die Idee für solche Quarantäneeinrichtungen stammte aus Italien, wo in Venedig bereits im 15. Jahrhundert eine solche Station eingerichtet worden war. Die Kontumaz sollte die Einschleppung und Verbreitung ansteckender Krankheiten und Seuchen verhindern. Hierbei reagierte die Stadt Nürnberg einerseits auf Androhungen einiger Handelspartner in Kurbayern, Tirol und Venedig, die auf-

»Prospect bey dem Contumacy Garten«, dramatische Darstellung mit Gewitter. Im Vordergrund sind die Palisaden zu sehen, welche den 1666 eingerichteten Kontumazgarten umgaben. Kupferstich, erschienen im Knorrischen Verlag, um 1750

»Contumacy Garten«: Das nach dem zwischenzeitlichen Besitzer Georg Vargeth benannte Weiherhaus wurde 1759 von Georg Daniel Heumann nach einer Vorlage von Johann Andreas Graff in Kupfer gestochen

grund der schlechten hygienischen Verhältnisse und der »ungesunden« Luft in Nürnberg ankündigten, die Handelsbeziehungen abzubrechen. Andererseits war die Einrichtung als Reaktion auf eine Pestepidemie zu verstehen, die 1665 von England und Holland kommend auf Frankfurt und Köln übergriff und dort viele tausend Menschen das Leben kostete.

Vor der Einrichtung der Warenkontumaz 1666 hatten verdächtige Güter in Fürth, Buch und auf dem Thumenberg bleiben müssen. Fortan lagerten die Waren in einer Scheune oder unter freiem Himmel. Hinzu kam ein Wohnhaus für das Personal der Anstalt, bestehend aus einem Schreiber, zwei Ballenbindern, einem Bauern und einer Köchin. Diese durften im Gefahrenfall die Quarantänestation nicht verlassen. Sie nahmen die Waren in Empfang und gaben diese nach einer festgelegten Frist wieder frei: Spezereien und Kolonialwaren wurden hierbei nach drei Tagen, Wollwaren hingegen erst nach 21 Tagen wieder herausgegeben. Briefe wurden zudem vor ihrer Ausgabe geräuchert. Ansonsten bildete das Belüften der Waren die einzige Hygienemaßnahme in der Kontumaz.

Für die betroffenen Händler wurde als Unterkunft ein Gartenhaus im Rohledergarten in St. Johannis eingezäunt. Alternativ war es ihnen gestattet, sich während der vorgeschriebenen neun Tage Quarantäne in einem von drei Wirtshäusern in Buch aufzuhalten. Seit 1680 erhielten die Händler zudem die Möglichkeit, den Garten zum Lagern ihrer Waren anzumieten und mit eigenem Personal zu besetzen. Die Kontumazanstalt blieb bis 1804 in Betrieb.

Allerdings beanspruchte die Einrichtung nur einen Teil des Vargeth'schen Gartens. In einem weiteren Bereich des Grundstücks ließ Georg Vargeth 1676 eine Pottasche-Fabrik zur Pulverherstellung einrichten. Hier beschäftigte er den Naturforscher David Schwämmlein, der ein Labor betrieb.

Um das Jahr 1700 erwarb der Astronom und Kaufmann Johann Philipp von Wurzelbau (bis zu seiner Nobilisierung Wurzelbauer) das Grundstück. Dieser ließ Teile des Weiherhauses abbrechen, baute das Herrenhaus um und vermietete fortan beides. 1734 wechselte das Grundstück abermals den Besitzer. Diesmal übernahm der Kaufmann Hans Degenkolb das Anwesen. Das dreigeschossige Herrenhaus verfügte zu dieser Zeit über einen Gartensaal im Erdgeschoss. Im ersten Stock befanden sich die Wohnstuben der Herrschaft, das zweite Obergeschoss war hingegen vermietet. Auch das Weiherhaus existierte zu diesem Zeitpunkt noch. Wann genau das Vargeth'sche Schloss abgerissen wurde, ist nicht überliefert, jedoch ist das Gebäude bis 1850 auf Stadtplänen eingezeichnet.

Der Astronom und Kaufmann Johann Phillip Wurzelbauer erwarb um 1700 den von der Kontumazanstalt nicht beanspruchten Teil des Grundstücks. Die beiden Stiche zeigen das Anwesen zu dieser Zeit

In H.r Wurzelbauer Garten.

In Hr. Wurzelbaurs Garten.

Die Villa Kontumazgarten 12 mit ihrem charakteristischen Treppenturm, Ölgemälde von Wilhelm Ritter, 1895

Gartenseite des Anwesens Kontumazgarten 12, 1965

Villengrundstücke und Grünanlage

Bereits 1806 wurde das Grundstück in mehrere Parzellen aufgeteilt. Das ehemalige Herrenhaus befand sich 1829 zunächst im Besitz eines Georg Kretschmann, ehe 1860 der Kaufmann und Marktvorsteher Christian Merk als Eigentümer angegeben ist. Um 1870 entstanden auf dem Gelände schließlich vier langgezogene Einzelgrundstücke mit vier repräsentativen Gründerzeitvillen an den Stirnseiten. Die Gebäude überlebten allesamt den Zweiten Weltkrieg mit lediglich leichten Schäden. In einem der Häuser, an der Adresse Kontumazgarten 14, wohnte in der Nachkriegszeit Dr. Fritz Erler. Sein Wohnungsnachbar war der bekannte Nürnberger Architekt Wilhelm Schlegtendal, der Erbauer des Plärrer-Hochhauses.

Nach der Eröffnung der Klinik 1965 wurde das Anwesen noch einige Jahre als Verwaltungsgebäude genutzt und dann abgebrochen. Ähnlich erging es nach und nach auch den anderen Häusern aus dem 19. Jahrhundert. Eines der letzten Ge-

In der zweiten Hälfte des 19. Jahrhunderts entstanden auf dem Gelände des ehemaligen Kontumazgartens vier repräsentative Villen mit großen Gartengrundstücken, die sich bis zur Pegnitz erstrecken, 1927

bäude war ein kleines Haus auf dem Grundstück Kontumazgarten 8. Dieses wurde lange von einer älteren Dame bewohnt, welcher die Eigentümerfamilie ein lebenslanges Wohnrecht zugesichert hatte. Anwohner und Mitarbeiter der Klinik bezeichneten das baufällige Gebäude spöttisch als »Rocky Docky Haus«, eine Anspielung auf ein Lied des niederländischen Schlagersängers Bruce Low aus dem Jahr 1955. 1979 wurde das Haus dann frei und sollte abgebrochen werden. Dr. Erler hätte es jedoch lieber gesehen, wenn das Haus abgetragen und an anderer Stelle wieder aufgebaut worden wäre. Mehrere Aufrufe in der Presse mit dem Ziel, einen Liebhaber zu finden, blieben jedoch vergeblich. Anfang der 1980er Jahre erfolgte schließlich der Abriss. Heute befindet sich an der Stelle das Parkhaus der Klinik.

Weder vom einstigen Kontumazgarten noch vom Vargeth'schen Garten ist heute noch etwas erhalten. Die heutige Grünanlage entstand – wie anfangs erwähnt – im Rahmen des Neubaus der Klinik 1963 durch einen Grundstückstausch mit der Stadt, bei dem die Parzellierung einiger Grundstücke um 90 Grad gedreht wurde. Der alte Baubestand der ehemaligen Privatgärten blieb hierbei weitestgehend erhalten. Im Rahmen der damals stattfindenden Hochwasserschutzmaßnahmen, der sogenannten Hochwasserfreilegung, wurde entlang der Pegnitz ein Damm aufgeschüttet und bepflanzt. Am Westende entstand ein Kinderspielplatz, die übrige Parkanlage wurde über einen Rundweg erschlossen. Da die Grünanlage lediglich an ihrem Westende barrierefrei zu begehen war, während sie am Westtorgraben mit einer Treppe abschloss, galt der Kontumazgarten eher als ruhige Grünanlage, die lange noch den Charme der 1960er Jahre versprühte. Dies änderte sich erst mit der vorläufig letzten Umgestaltung im Jahr 2017. Hierbei bezog die Stadt Nürnberg auch die Anwohner sowie die Kliniken Dr. Erler in den Gestaltungsprozess mit ein. Dabei

kam heraus, dass es den Bürgern besonders wichtig war, den ruhigen Charakter des Parks zu erhalten. Ein weiterer Wunsch war der Zugang zum Wasser. Die Veränderungen konzentrierten sich deshalb vor allem auf die Eingangsbereiche des Parks, während der Charakter im mittleren Teil der Grünanlage erhalten blieb. Die vermutlich augenfälligste Umgestaltung war die neu geschaffene Geh- und Radwegunterführung in den Stadtgraben und weiter in das Kreuzgassenviertel. In diesem Bereich entstanden nach der Entfernung des Uferbewuchses Aufenthaltsmöglichkeiten am Fluss sowie eine Sichtverbindung hinüber zur Hallerwiese. Am Westende der Grünanlage wurde der Spielplatz neu gegliedert und mit farbenfrohen Spielgeräten gestaltet. Neben den Anwohnern zieht die Grünanlage mittlerweile auch viele andere Bürger und Bürgerinnen an. Auch die Patienten der Kliniken Dr. Erler nutzen den Park für Spaziergänge und Bewegungstherapien.

Erinnerungen

Ein Zeitzeugengespräch zur Biografie von Dr. Fritz Erler und den Kliniken Dr. Erler

Dr. Elisabeth Birkner, Großnichte von Dr. Fritz Erler

Edmund Bayer, Vorstandsvorsitzender der Dr. Fritz Erler Stiftung 1991-2012

Günther Schmidt, Geschäftsführer der Kliniken Dr. Erler gGmbH 1992-2010

Dr. Hartmut Frommer, Vertreter der Stadt Nürnberg im Stiftungsrat 1998-2008

Das Gespräch fand im Jahr 2009 statt

▶ **Dr. Hartmut Frommer:** Wir haben – mit Ausnahme von Frau Dr. Birkner – Dr. Fritz Erler persönlich erst im höheren Alter miterlebt. Vielleicht ist es deshalb als Einstieg ganz gut, wenn wir mit der Schlusszeit beginnen. Frau Dr. Birkner, wann hat Ihr Gatte als Ärztlicher Direktor des Städtischen Krankenhauses in Nürnberg aufgehört?

Dr. Elisabeth Birkner: Mein Mann ist 1992 im Alter von 71 Jahren zwei Wochen nach Dr. Erler, der 93 Jahre alt wurde, gestorben. 1986 ging mein Mann mit 65 Jahren in Ruhestand; Dr. Erler war bis kurz vor seinem Tod für seine Klinik noch tätig.

Edmund Bayer: Also, fangen wir vom Ende her an: Seine letzten Wochen verbrachte er in einem Heim in Stein. Eine Unterbringung im 6. Stock der Klinik war nicht möglich. Das nahende Ende wohl spürend, hat er die diensthabende Schwester gerufen, mit ihr noch ein Glas Sekt getrunken und ist dann friedlich eingeschlafen. Bis zum Schluss hatten wöchentlich seine Hauptberater, nämlich Leibarzt, Bankier und ich als Rechtsanwalt, in Stein anzutreten und Bericht zu erstatten. Geistig war er noch fast bei voller Kraft.

Wenn ich auf den Beginn meiner Tätigkeit bei Dr. Erler im Jahr 1988 zurückblicke, war der für mich nicht einfach und durchaus gewöhnungsbedürftig. Ich selbst war sehr oft bei ihm zu Besprechungen in seinem Büro gegenüber der Klinik. Für seine berühmte Sparsamkeit drei Beispiele: Die Poststelle musste ihm sämtliche Briefumschläge nach Entfernung der Briefmarken – die wurden gesammelt – als Konzeptpapier vorlegen. Anweisungen wurden dann auf diesen Briefumschlägen vermerkt. Auch telefonisch ging alles über die kostenlosen Nebenstellennummern der Telefonanlage; dabei sprach er die Angerufenen niemals persönlich an, sondern wandte sich stets nur in Kurzform an diese: »140 an 143 – Rücksprache sofort«. Vor einer gemeinsamen Reise nach München ins Innenministerium wurde das Sekretariat beauftragt, eine kostengünstige Verpflegungsmöglichkeit zu finden. Wir haben dann in der Kantine des Finanzamtes ein karges Mahl zu uns genommen.

Weshalb er mich trotz meiner damaligen Unerfahrenheit dann bis zu seinem Tode als seinen Berater und Anwalt akzeptierte, kann ich nur vermuten. Ich habe ihm nie nach dem Munde geredet. Als wir einmal verschiedener Auffassung waren und die Diskussion lauter wurde, sagte ich ihm ins Gesicht: »Herr Dr. Erler, ich bin angestellt und auf Sie nicht angewiesen, ich habe meine Bezüge. Das Mandat werde ich beenden«. Nach einer Schrecksekunde antwortete er: »Dass Sie mir dies in Ihrer jugendlichen Unvernunft ins Gesicht sagen, rechne ich Ihnen hoch an und wenn Sie das weiterhin umsetzen, was Sie mir angeraten haben, werde ich Sie in den Vorstand berufen. Sie müssen mir aber versprechen, mein Werk auch weiterzuführen.« Seitdem war das Verhältnis zwischen ihm und mir geklärt. Meine Vorstellung bezüglich einer strikten Trennung der Verantwortlichkeiten im Hause hat er unterstützt und mitgetragen. Indes waren seine letzten Lebensjahre, was das Organisatorische, das Medizinische und das Personal anbelangt, sehr angespannt. Er (und ich) waren damals nicht sehr gelitten, da er nicht nur seine Stiftung rückabwickeln wollte, sondern es auch zu einigen Abberufungen kam.

Jetzt liegt Dr. Fritz Erler auf dem Johannisfriedhof und ich glaube, dass wir ihm Vollzugsmeldung geben könnten, dass sein Werk zum Wohl der Patienten in Nürnberg und in Franken weiter so gewachsen und gediehen ist, wie er es immer wollte. Ich denke, dass er mit der Fortentwicklung des von ihm geschaffenen großartigen Werks überaus zufrieden wäre.

Familie, Ausbildung und frühe Jahre in Nürnberg

Frommer: Nachdem Dr. Erler seine ganze Angelegenheiten mit der Klinik geregelt hatte und glauben konnte, dass alles in guten Händen liegt, ist er ganz beruhigt gestorben. Also ein gutes Ende – daraus die Vorlage für Sie, Frau Dr. Birkner, ist es denn auch am Anfang …

Birkner: … gut gegangen? Ja, schon, aber es war nicht einfach für ihn und ich weiß von allen möglichen Schwierigkeiten. Ich kenne ihn eigentlich schon seit 1936, als in der Fürther Straße die Praxis eröffnet wurde: Ich hatte damals einen Schiunfall und mein Knie war verletzt. Zu Beginn unserer Bekanntschaft war ich also seine Patientin. In der Fürther Straße 6 gab es damals noch keine Klinik – es befanden sich dort nur einige Betten der Berufsgenossenschaft. Der Hauptanteil war damals die orthopädische Praxis.

Meine Mutter war eine Cousine von Fritz Erler, der selber immer sagte, Adele sei seine Lieblingscousine. Obwohl Onkel Fritz in Freiberg/Sachsen geboren wurde, ist er als Heranwachsender – nachdem sein Vater 1917 im Ersten Weltkrieg in einem Lazarett in Serbien verstorben war – häufig mit seiner Mutter, einer geborenen Herbst, nach Nürnberg gekommen. Und dann ist der Fritz von den Cousinen verlacht worden: Keine hatte jemals sächsischen Dialekt gehört. Trotzdem hat er eigentlich sein ganzes Leben großen Familiensinn gezeigt. Meine Mutter hat er oft angerufen und gefragt, ob er am Nachmittag zum Kaffeetrinken nach Ziegelstein kommen könnte.

Frommer: Wenn er einen so großen Sinn für Familie hatte, warum hat er dann nicht selbst eine begründet?

Birkner: Das kann ich Ihnen schon sagen, warum er nicht heiratete. Das ganze Leben seiner Mutter Luise Erler war auf den Sohn abgestimmt. Als jüngere Kriegswitwe hatte sie nur eine kleine Pension, war also in so schlechten fi-

Dr. Elisabeth Birkner

nanziellen Verhältnissen, dass das Geld nur für einen Haushalt von Mutter und Sohn reichte. Dagegen waren die Nürnberger Geschwister seiner Mutter alle sehr wohlsituiert. Fritz Erlers Mutter war die Schwester meines Großvaters Andreas Herbst.

Bevor er 1936 nach Nürnberg kam und die Praxis in der Fürther Straße 6 eröffnete, hatte er sich stark auf seine Ausbildung und seine Mutter konzentriert, sonst pflegte er damals weniger Kontakt. Obwohl charmant und gutaussehend, kam es deshalb in der Zeit, in der Männer normalerweise auf Brautschau sind, zu keiner ehelichen Verbindung. Zwar gab es später durchaus noch Frauen in seinem Leben und wohl auch ein Kind – aber zur Heirat bzw. Vaterschaftsanerkennung konnte er sich auch nach dem Tod seiner Mutter nicht mehr durchringen. Seine Mutter starb 1946 und kam ins Grab unserer Urgroßeltern auf dem Johannisfriedhof – auch hier zeigte sich seine tiefe Verbindung zur Verwandtschaft.

Frommer: Im Zweiten Weltkrieg war er offenbar Luftschutzoffizier.

Bayer: Er hat mir einmal erzählt, dass er in der Kriegszeit für kurze Zeit auf Norderney stationiert war. Sonst weiß ich nur noch von Sanitätseinsätzen in einem Luftschutzstützpunkt am Frauentorgraben in Nürnberg. Der Krieg war für ihn später nur noch eine unangenehme Episode, die ihn vor allem deshalb verbitterte, weil Kriegswirren und -schäden ihm die Publikation

seiner wissenschaftlichen Untersuchungen zur Unfallchirurgie unmöglich gemacht hätten.

Er versuchte in diesen Jahren auch vergeblich, im besetzten Jugoslawien die letzte Ruhestätte seines im Ersten Weltkrieg gefallenen Vaters ausfindig zu machen. Daher erklärt sich die Konzentration auf die Beziehung zur Mutter. Im Übrigen war offenbar die Verwandtschaft aus Sachsen nicht so wohl gelitten. Halb Sachse, halb Franke, Ausbildung in München, nirgendwo war er in seiner Jugendzeit wirklich zu Hause. Die Kontakte hat er deshalb damals schleifen lassen und seinen ausgeprägten Charme erst später kommunikativ eingesetzt. Seine später wichtigste Freundin Fanny Zerhoch entstammte einer bäuerlichen Familie in Oberbayern. Es gab eine Vielzahl von Grundstücksgeschäften mit ihr.

Dr. Hartmut Frommer

Birkner: … er hat an Immobilien immer größtes Interesse gehabt!

Bayer: Er war dann durchaus in der Lage, seinen Charme auch wirtschaftlich zu nutzen. Frau Zerhoch kannte ich noch persönlich. Sie ist in München von einem Pkw überfahren worden, im Alter von 90 Jahren, ein paar Tage vor ihm, so dass ich Schwierigkeiten hatte, die zwei Erbfälle auseinanderzudividieren.

Frommer: Reden wir doch mal von seinem Ehrgeiz, wissenschaftlich und beruflich … politisch hatte er offensichtlich nichts am Hut …

Birkner: … dafür hatte er gar keine Zeit. Aber ich wollte Sie schon lang mal was fragen: Ich habe gelesen, der Prof. Lange in München, der in der Orthopädie ein sehr bekannter Mann war, sei sein Chef gewesen. Das hab ich ganz anders in Erinnerung: Er hat immer von seinem Freund gesprochen. Ist Dr. Lange nicht gleich alt gewesen?

Frommer: Er war Assistenzarzt bei Prof. Fritz Lange in München und bei Prof. Ferdinand Sauerbruch an der Charité in Berlin. Da geht es also um eine Medizinergeneration, die ihren Weg schon vor dem Ersten Weltkrieg gemacht hatte. Indes ist anzunehmen, dass von Fritz Lange, dem Begründer der klinischen Orthopädie in Bayern die entscheidenden Impulse zur beruflichen Laufbahn von Fritz Erler ausgingen und

ein intensives Lehrer-Schüler-Verhältnis bestanden hatte. Das gilt auch für Dr. Erlers sehr charakteristisches soziales Engagement im fachlichen Bereich einschließlich der Kooperation mit den Berufsgenossenschaften. Bei seinem Medizinstudium selbst waren derartige Richtungsentscheidungen noch nicht zu erkennen …

Bayer: … vor allem aber wollte er in seiner Ausbildungszeit seine Mutter unterstützen und das Studium schnell durchziehen.

Birkner: … die Mutter hat ja das Medizinstudium, damals das teuerste Studium überhaupt, unter großen Opfern bezahlt!

Bayer: Seine Ausbildung wollte er rasch beenden. Wie er mir erzählt hat, war dann seine Tätigkeit nach dem Studium als niedergelassener Landarzt wenig rosig. Für die Zeit nach der Facharztausbildung wäre er auch gerne in die Wissenschaft gegangen, wenn ihm der Krieg nicht einen Strich durch die Rechnung gemacht hätte. Und danach musste er sich von seinem Alter her sagen: Entweder geh ich jetzt als Klinikchef oder ich geh als Wissenschaftler! So ist aus ihm ein herausragender Praktiker der Orthopädie und Klinikmanager geworden – dass er aber seine Liebe zur Wissenschaft nie verloren hat, zeigt sich deutlich an der Einsetzung der Erlanger Medizinischen Fakultät zur Alleinerbin seines ihm nach

Gründung der Stiftung verbliebenen Privatvermögens.

Bayer: Bei der Beschaffung von finanziellen Mitteln war er erfinderisch. Stolz berichtete er mir, den seinerzeitigen Gesundheitsreferenten dazu gebracht zu haben, dass für den Klinikneubau eine Lotterie veranstaltet werden durfte …

Birkner: … das weiß ich auch, mit der Lotterie! Da hat er von der schwierigen Finanzierung gesprochen und gesagt: »dazu wird mir eine Lotterie genehmigt« – und die war dann sehr erfolgreich.

Sein Verhältnis mit der Stadt war überwiegend ein sehr gutes. Er hat sich mit Bürgermeister Willy Prölß und den damaligen Klinikreferenten Max Thoma und Dr. Egon Bauer bestens verstanden.

Führungsstil, Charakter und Arbeitsbedingungen

Frommer: Wie kamen Sie selbst zum Arztberuf?

Birkner: Als ich mein Abitur gemacht hatte, waren die Universitäten geschlossen, und nach 1943 mussten alle Frauen in die Munitionsfabriken. Und da haben wir gesagt, was machen wir nur … und dann fiel uns der Spitalapotheker Dr. Eckart ein. Der hat mich angeschaut und dann gesagt: »Morgen früh um acht kommen Sie, Sie sind jetzt Apothekenpraktikantin«. Das war gut für die von mir längst angestrebte Medizin: Mit der Phar-

makologie hab ich natürlich viel mehr gelernt, als wenn ich in die Munitionsfabrik gegangen wäre.

Nach dem Krieg wurden die jungen Ärzte regelrecht ausgebeutet. Selbst bescheidenste Ansprüche waren ein Luxus. Auch Dr. Erler hat berichtet, wie er für sein Wartezimmer alte Stühle am Trödelmarkt ankaufte, die fast nichts kosteten. Die Arbeitsbedingungen für junge Ärzte waren nicht nur beim »Erler« sondern auch im Klinikum mehr als »asozial«. So haben die Dienstanfänger – auch ich nach meinem Staatsexamen und der Promotion – wir haben überhaupt nichts gezahlt bekommen! Ich habe drei Tage in der Woche umsonst gearbeitet, ich wollte ja meine Facharztausbildung! Das war schon eine schlimme Zeit – zum Beispiel mussten wir unterschreiben, dass wir nichts essen auf Station, dass wir unsere Mäntel selber stellen usw.

Dr. Erler hat am Sonntag früh stets seinen Ärzterapport gehalten und dann bestimmt, wer frei nehmen kann und wer Dienst machen muss. Wenn einer angefordert wurde und dagegen hielt, dass er seinen geplanten Urlaub antreten und mit seiner Familie wegfahren möchte, dann hat der Chef gesagt, das ist sehr schön für Sie … dann reichen Sie einfach die Kündigung ein. Für ihn kam der Beruf an erster Stelle, nicht das Verreisen, oder der Urlaub. Privatleben war nicht vorgesehen.

Bayer: Hire and fire? Wie von mir als Berater, so hat er es auch von seinen Ärz-

ten immer verlangt: Wenn eine Entscheidung zu treffen ist, und es ist Sonntag 14 Uhr, dann hast du da zu sein. Du bist mein Berater, also greife ich zum Telefon, selbst wenn mir spätnachts was einfällt.

Birkner: Das war bei seinen juristischen und wirtschaftlichen Experten so, das war bei den Ärzten genau so. Bei den Ärzten kam belastend – auch im Klinikum – ihre extreme Abhängigkeit hinzu. Nach dem Staatsexamen konnte man ihnen einfach sagen: Jetzt bist du zwei Jahre lang Hilfsarzt, Besoldung Null, und wenn du eine Facharztausbildung machst, die in den großen Fächern Minimum fünf Jahre beträgt, kannst froh sein, dass du nichts zahlen musst! Es war also eine ganz andere Zeit, auch bei Dr. Erler.

Bayer: Seine Arbeitsverträge waren kurz und prägnant. Die wichtigsten Worte waren »Ärztlicher Direktor« und »Weisungsrecht«. Alles andere, ob nun Tarif, Nachtdienst oder Rufbereitschaft, hat er nicht mehr nachvollzogen, in der Annahme, dass er seine immense Leistungsbereitschaft auch bei den anderen voraussetzen kann.

Birkner: Sein persönlicher Lebensstil war im Übrigen äußerst bescheiden: gekleidet war er wie ein Bettelmann und gewiss nicht wie ein Chefarzt. Ihm musste immer erst jemand sagen, dass er seinen Hut und Anzug nicht mehr tragen könne. Daraufhin hat er die Freundin beauf-

tragt: »Gehst hin und kaufst einen neuen Hut und einen neuen Anzug«. In anderen Dingen konnte er indes auch freigiebig sein.

Bayer: Sein Verhältnis Frau Zerhoch gegenüber war ambivalent. Einerseits hat er es gerne gesehen, dass sie gekommen ist, hat ihr großzügig in Ellingen eine Wohnung überlassen und sie wie eine Ehefrau als Gesellschafterin in die GmbH aufgenommen. Oder er hat zu ihr gesagt: Richte die Weihnachtsfeier der Klinik aus, er hatte großes Vertrauen zu ihr. Andererseits hat er sie während unserer Besprechungen stundenlang in einem kleinen Zimmer warten lassen. Es war eigentümlich, was zwischen den beiden gelaufen ist.

Birkner: Er dachte immer, alle anderen müssten genau so engagiert sein für die Klinik, wie er es war.

Edmund Bayer

Weil damals diese Ärzteschwemme war, weil er also die Ärzte sehr schnell entlassen konnte, hatte er sehr großen Wechsel. Wegen dieser Schwierigkeiten hat er meinem Mann, damals städtischer Oberarzt, gesagt, dass er ihn gerne als Mitarbeiter in der Erler-Klinik sähe. Die Vorbesprechungen zogen sich lange hin. Schließlich fragte er meinen Mann: »Haben Sie jetzt bei der Stadt gekündigt?« Da hat mein Mann gesagt: »Ich kündige erst bei der Stadt, wenn ich von Ihnen einen entsprechenden Vertrag habe«, denn in einer solchen Position lässt man das ja juristisch prüfen. Aber Dr. Erler war von sich voll überzeugt und sagte: »Wissen Sie, die Chancen, die Sie in meinem Haus haben, werden Sie nirgendwo anders bekommen.« Durch die Blume also ein Hinweis, dass er hier Chef werden könnte. Mein Mann bekam aber von Dr. Erler lediglich einen »Vertragsentwurf«, wo fast überhaupt nichts drin stand.

Zur Ausschreibung bezüglich der Chirurgischen Klinik mit 500 Betten am Städtischen Klinikum wurde entschieden, dass sie in 1. und 2. Chirurgie mit verschiedenen Schwerpunkten geteilt wird. Mein Mann hat sich beworben und 1960 eine der beiden Chefarztstellen erhalten – damit war die Angelegenheit Erler erledigt. Er hat sich eine Nacht hingesetzt und einen freundlichen Brief geschrieben, denn das Verhältnis war ja sonst ein sehr gutes, und hat von sich aus abgesagt. Damit war aber der Bruch mit uns da – mit meiner Mutter nicht –, aber mit uns hat er zunächst nichts mehr zu tun haben wollen.

Die Außenstation Ellingen

Frommer: Nun zur Frage, warum er ein Krankenhaus in Ellingen übernommen hat.

Birkner: Weil die Klinik in der Fürther Straße aus allen Nähten geplatzt ist. Ellingen wurde eine Außenstation, da sind die leichteren Fälle hingekommen.

Günther Schmidt: Ellingen hat er bereits 1951 gegründet.

Frommer: Das vom Krieg verschonte Ellingen mit seinem Deutschordensritterschloss war als Evakuierungsort für Nürnberg wichtig gewesen.

Schmidt: Hat er dort selber gebaut oder hat er gemietet?

Birkner: Er hat dort ein Krankenhaus übernommen. Irgendwann habe ich den Landrat von Weißenburg getroffen und ihn gefragt, was daraus geworden ist. Sie wollten versuchen, dort Betreutes Wohnen oder ein Altenheim einzurichten. Es stand aber dann lange leer und …

Schmidt: … ist jetzt abgerissen und durch einen Netto Markt ersetzt.

Frommer: Man war in Ellingen heilfroh, dass das Krankenhaus vor seinem Ende noch dreißig Jahre als Teil einer Fachklinik fortgeführt werden konnte. Bürgermeister und Gemeinde kämpften dann 1990 wie Löwen für den Erhalt der für Ellingen überaus wichtigen Einrichtung. Weil sie aber nicht mehr zeitgemäß war, führte kein Weg an der Schließung vorbei.

Birkner: Dass Dr. Erler bis ins hohe Alter zweimal die Woche da draußen Visite gemacht hat, war eine große Leistung. Er fuhr mit einem uralten Mercedes mit eingebauten Scheinwerfern selbst nach Ellingen. Erst in seinen letzten Lebensjahren hatte er einen Chauffeur.

Schmidt: Mitarbeiter haben mir erzählt, dass Dr. Erler, wenn er nach Ellingen fuhr, einen großen Korb Semmeln dabei hatte, die hat er in Nürnberg günstiger erstanden und dann hinaus transportiert.

Frommer: Gewohnt hat er weder in Ellingen noch in Nürnberg, sondern in Allersberg. Dort besaß er ein einfaches Landhäuschen mit einem großen Obstgarten, am Waldrand gelegen. Obschon dort gemeldet, war er eigentlich gar nicht präsent, eher nur ein nächtlicher Gast, vor allem an Wochenenden.

Neubau der Klinik am Kontumazgarten

Frommer: Eine Sternstunde von Dr. Erler war natürlich auch die Auswahl des Kontumazgartens für den Klinikneubau, übrigens direkt neben seiner damaligen Wohnung! Die Erler-Klinik war damit näher an der Altstadt als die städtischen Krankenhäuser. Wann wurde denn der Kontumazgarten erworben und bezogen?

Bayer: 1963 ist die GmbH gegründet worden, danach wurden die Grundstücke erworben und die Arbeiten am Bau der 300-Betten-Klinik begonnen.

Birkner: Die Erler-Klinik war keine Konkurrenz für das Städtische Klinikum, weil das mehr Orthopädie war.

Schmidt: Mich wundert's, dass die Stadt das Fachgebiet Orthopädie so einfach Dr. Erler überlassen hat.

Frommer: So einfach war das nicht. Der ehemalige Nürnberger Gesundheitsreferent Dr. Bauer hat mir berichtet, wie sehr die Stadt Nürnberg für eine eigenständige Abteilung Orthopädie kämpfte, die für ein Krankenhaus der Maximal-Versorgung fast unverzichtbar erschien. Das an sich wohlwollende Sozialministerium blieb aber in diesem Punkt hart unter Hinweis darauf, dass durch die Uniklinik Erlangen, Rummelsberg und eben die Erler-Klinik der Bedarf in der Region bereits qualitativ und quantitativ vorzüglich abgedeckt sei. Ich komme nicht umhin anzunehmen, dass Dr. Erler die Sache seiner Klinik eben auch in der Politik und im Ministerium ausgezeichnet vertreten konnte.

Bayer: Mir kommt nochmals die Stadt Nürnberg in Erinnerung: Die Erler

GmbH war die erste gemeinnützige GmbH in Deutschland und die Stadt Nürnberg war an dieser GmbH beteiligt.

Frommer: Damit war gesichert, dass das Projekt eines orthopädischen Krankenhauses beim Kontumazgarten im Konsens mit der Stadt getroffen worden ist.

Bayer: Die Stadt war mit 10.000 DM beteiligt, ebenso wie die Süddeutsche Eisen- und Stahl-Berufsgenossenschaft, die Tiefbau-Berufsgenossenschaft, der Deutsche Paritätische Wohlfahrtsverband und Dr. Erler persönlich. Die Stadt hatte nichts gegen eine freigemeinnützige Klinik, der war das ganz recht.

Birkner: Die neue Klinik war zu Beginn als öffentliche Einrichtung gedacht; ich weiß nicht mehr genau, warum sie dann zur privaten Stiftung gemacht wurde.

Bayer: Bei GmbH-Gründung war das Verhältnis mit der Stadt Nürnberg noch in Ordnung. Nach dem Ausscheiden des langjährigen Sozial- und Gesundheitsreferenten Max Thoma im Jahre 1974 fehlte Dr. Erler bei der Stadt die gewohnte Bezugsperson seines Vertrauens. Deshalb suchte er von da an nach einem Konstrukt, von dem er glaubte, dass er entscheiden konnte.

Nachdem vor Gründung der Stiftung die Stadt, die Berufsgenossenschaften und der Paritätische Wohlfahrtsverband ihre Beteiligung aufgaben, sind als Ausgleich dafür alle drei in den Stiftungsrat

berufen worden. In Bezug auf die Stadt sagte Dr. Erler mir: Die gehen alle mit 65 in Rente, die Neuen kenn ich nicht, da zählt der Freund nicht mehr, da muss alles schriftlich gemacht werden. Das war nicht seine Art.

Frommer: Das Tischtuch mit der Stadt war aber keineswegs zerschnitten. Das ergibt sich schon daraus, dass im Neubau zwei Obergeschosse an die 4. Medizinische Klinik des Städtischen Klinikums mit dem Schwerpunkt Nephrologie und Prof. Geßler als Chefarzt vermietet wurden.

Auch die Berufung in den Stiftungsrat – die dann von den jeweiligen Gesundheitsreferenten (Dr. Bauer, Bürgermeister Murawski und Dr. Braune vor und Dr. Pluschke nach mir) wahrgenommen

Günther Schmidt

wurde – hat die Stadt als Angebot zur vertrauensvollen Zusammenarbeit gesehen. Dies wiegt umso mehr, als eine gewisse Konkurrenzsituation zum Städtischen Klinikum eben doch gegeben ist.

Stiftung und Geschäftsführung: Neuorganisation der Kliniken Dr. Erler

Birkner: Wegen der Rückgängigmachung der Stiftung war doch irgendwas mit dem Notar?

Bayer: Ja, da gab es nämlich für ihn später mit der Gemeinnützigkeit und dem Erwerb von Allersberg ein dickes Problem. Dr. Erler wollte unbedingt seinen geliebten Alterssitz in seinem Privatvermögen behalten, und das ist schief gegangen. Dass Allersberg nicht mehr ihm gehörte, hat er nicht verwunden. All dies war bei der Gründung der Stiftung nicht bedacht worden. Zusätzlich gab es die Frage der Geschäftsführung, weil er ja auch nicht mehr Geschäftsführer sein konnte.

Birkner: Da hat er gesagt: »Die haben mich rausgeschmissen aus der GmbH und reingelegt mit der Stiftung«.

Bayer: Ja, das lief über die staatliche Stiftungsaufsicht. Der damalige Staatssekretär und spätere Minister und Ministerpräsident Dr. Beckstein war ebenso wie der damalige Minister und spätere Ministerpräsident Dr. Stoiber intensiv mit der Dr. Fritz Erler Stiftung befasst

und die Stiftungserrichtung wurde von einem Kollegen – am Ende vergeblich – angefochten, weil die in München gesagt hatten, das ginge nicht mehr.

Birkner: Das hat ihn schon tief verletzt. Dann hieß es nur noch: »Die da drüben!« Das war die Verärgerung, die Ursache hat er im hohen Alter nicht mehr gesehen, sondern nur noch: Die haben mir alles genommen, vor allem mein Allersberg, und ich bin nicht mehr mein eigener Herr.

Frommer: Wobei man natürlich sagen muss, dass es noch ganz gut ausgegangen ist, er hätte ja in dieser Situation die Fortexistenz der Klinik aufs Spiel gesetzt.

Bayer: ... ich will ja nicht aus dem Nähkästchen plaudern, aber ich habe ihm mehrmals gesagt, wenn das so weiter geht, müssen Sie, Herr Dr. Erler, wenn Sie noch Geschäftsführer sind, den Hut nehmen und in die Flaschenhofstraße zum Konkursgericht marschieren.

Die Kämpfe gegen die Stiftung und »die da drüben« stellten die Überlebensfähigkeit der Klinik in Frage. Man wusste nicht, wie geht's weiter, wer ist der Träger, wer der Chef? Es hätte nicht viel gefehlt, dann wäre heute hier keine Klinik, sondern »Betreutes Wohnen« oder irgendetwas anderes. Ich habe ihm gesagt, wenn Sie sich nicht zurückziehen und klare Verhältnisse schaffen, dann ist Ihr Lebenswerk verloren. Das hat er dann verstanden.

Birkner: Dr. Erler war in seiner Klinik ein fürsorglicher Patriarch alter Schule. Er wollte auch die Aufgaben des Ärztlichen Direktors und des Geschäftsführers nicht in fremde Hände geben. Wie schwierig der rechtlich zwingend gebotene Abschied gerade von der Geschäftsführung war, haben wir gehört. Mit dem von den Berufsgenossenschaften vermittelten Herrn Neveling – einem knorrigen Westfalen – war ein tüchtiger Geschäftsführer gefunden, der freilich aus Altersgründen nicht sehr lange bleiben konnte. Die Wahl fiel dann auf Sie, Herr Schmidt. Haben Sie es bereut, dass Sie in dieser komplexen Situation den Sprung von Amberg zum Dr. Erler gewagt haben?

Schmidt: Ich habe es bis heute nicht bereut! Ich war aber damals schon ein bisschen frustriert, als ich näher hingeguckt habe, was da alles läuft, wie schlecht die Klinik baulich und wirtschaftlich beieinander war.

Aber ich wusste ja, dass das Ministerium die Förderung der Sanierung signalisiert hatte, sobald die Stadt ausgezogen ist. Vorher konnte man nicht sanieren, es war ja kein Platz da, um gleichzeitig mit dem Weiterbetrieb die Neubauten errichten zu können. Aber dadurch, dass die Stadt mit ihren 250 Betten 1994 ins Südklinikum umzog, wurde Platz und wir konnten beginnen. Es hat sich dann wunderbar eins ans andere gefügt. Die Sicherstellung der Liquiditätslage der Erler-Klinik stand dabei immer im Vordergrund.

Auch Dr. Erler hatte schon Mitte der 1980er Jahre erkannt, dass dringend eine Renovierung anstand. Über die im Hintergrund mitsteuernden Berufsgenossenschaften eingefädelt, gab es bereits damals Planungsaufträge und die Vermittlung eines Architekten aus Bochum – und dieser hat dann gemeinsam mit mir losgelegt zu dem Werk.

Die neue Klinik am Kontumazgarten

1963-1992

links: Der erste Bauabschnitt und das Pförtnerhäuschen, 1966

Modell des Neubaus mit dem nicht realisierten Atriumbau, 1963

oben rechts: Dr. Fritz Erler auf der Baustelle, 1963

▶ **Erste gemeinnützige GmbH Deutschlands**

Vor allem die beengten Verhältnisse und die veraltete und teilweise unzureichende Ausstattung in der Fürther Straße waren ausschlaggebend für die Errichtung des Klinikneubaus am Kontumazgarten. Wenige Jahre nach Inbetriebnahme der Klinik in Ellingen begannen in Nürnberg bereits Planungen für einen Neubau.

Wann sich Dr. Fritz Erler für den Bauplatz am Kontumazgarten entschied, ist nicht bekannt, jedoch kannte er das Grundstück bereits gut. Immerhin lebte er in den Jahren nach dem Zweiten Weltkrieg bis 1962 in dem Wohnhaus Kontumazgarten 14.

Obgleich die Planungen für den Klinikneubau bereits Ende der 1950er Jahre begannen, dauerte es einige Jahre, bis im Juni 1963 mit dem Bau der Unfallklinik am Kontumazgarten begonnen werden konnte. Dr. Erler bezeichnete die Planung und den Bau der neuen Klinik später als »weiten, mitunter ausweglos erscheinenden Weg«. Um der Klinik Dr. Erler eine solide Basis zu geben, gründete er gemeinsam mit seiner langjährigen Bekannten Fanny Zerhoch am 31. Januar 1963 eine GmbH, in die er allerdings – mit seiner Praxis und der alten Klinik in der Fürther Straße als Sacheinlage – den Löwenanteil einbrachte.

Da Fritz Erler in seinen persönlichen Ansprüchen äußerst bescheiden war und nahezu sämtliche Überschüsse in sein Lebenswerk Klinik steckte, gelang es seinem Steuerberater Richard Gleisl, die GmbH nach Erfüllung einiger Voraussetzungen in eine gemeinnützige GmbH umzuwandeln, die erste ihrer Art in der Bundesrepublik Deutschland. Als Frau Zerhoch aus der GmbH ausschied, traten die Stadt Nürnberg, der bayerische

Oberärztin Dr. Liselotte Frisch, 1969

Architekt Adolf Dunkel, 1969

Landesverband des Deutschen Paritätischen Wohlfahrtsverbandes, die Süddeutsche Eisen- und Stahl-Berufsgenossenschaft aus Mainz sowie die Tiefbau-Berufsgenossenschaft aus München in die GmbH mit ein. Dr. Erler verfügte über 92 Prozent der Anteile, die anderen vier Teilhaber jeweils über zwei Prozent. Dr. Erler hatte also faktisch die alleinige Entscheidungsgewalt inne.

Ein Vertrag legte fest, dass Dr. Erler so lange Geschäftsführer bleiben würde, wie er die Majorität der Anteile hält. Die Dr. Erler Klinik blieb somit bei Entscheidungen ein »Ein-Mann-Betrieb«. Ähnliche Konstellationen fanden sich auch in anderen Kliniken, so etwa bei der Chirurgischen Klinik Rinecker in München oder lange Zeit bei der Nürnberger Cnopf'schen Klinik.

Die Finanzierung des Klinikprojekts ermöglichten zinsgünstige Kredite der Berufsgenossenschaften und ein langfristiger Mietvertrag mit der Stadt Nürnberg. Diese benötigte für die neu gegründete 4. Medizin dringend Räumlichkeiten, die Dr. Fritz Erler in seinem – für seine damaligen Bedürfnisse – äußerst großzügig geplanten Klinikneubau am Kontumaz-

garten gegen eine ansehnliche Mietzahlung zur Verfügung stellen konnte.

Zusätzliches Geld floss durch die Erlöse einer von der Stadt genehmigten Tombola sowie durch Spenden.

Bauplatz und 1. Bauphase

Den Bauplatz der zukünftigen Klinik bildeten die zwei langgestreckten Grundstücke Kontumazgarten 14 und 16. Beim Kauf der beiden Geländestreifen teilten sich die Stadt Nürnberg und Dr. Erler die Kosten. Die Grundstücke wurden anschließend neu aufgeteilt, wobei die zur Straße hin gelegenen Grundstücksteile Dr. Erler zugeschlagen wurden, den nördlichen und somit zur Pegnitz gelegenen Teil erhielt die Stadt. Hier legte das Nürnberger Gartenbauamt eine kleine Parkanlage mit Kinderspielplatz und Sitzmöglichkeiten an.

Der Klinikneubau erwies sich anfangs als schwierig. Grund war der auf dem zukünftigen Bauplatz vorherrschende weiche Pegnitzschwemmgrund. Dieser musste an vielen Stellen abgebaggert und durch Sand ersetzt werden. Erst diese Vorarbeiten schufen einen tragfähigen Untergrund für die Fundamente der Klinik.

Architekt des Neubaus war Adolf Dunkel, der das Gebäude zusammen mit seinen Mitarbeitern Hans Schmidt und Hans Seeger entwarf. Für Adolf Dunkel war es der erste Klinikbau seiner Karriere, weshalb er viele der speziellen Abläufe und Bedürfnisse eines Krankenhauses nicht kannte. Um Planungsfehler zu ver-

meiden, arbeitete das Architekturbüro daher von Anfang an eng mit Ärzten und Personal der Dr. Erler Klinik zusammen.

Vor allem Dr. Liselotte Frisch sowie die Oberschwester waren eng in die Planungen einbezogen. So wurde etwa versucht, die Laufwege auf den Stationen so kurz wie möglich zu halten oder die Stationsküchen platzsparend und effizient zu gestalten. Adolf Dunkel bemerkte gegenüber der Presse, dass er besonders stolz darauf sei, dass der Raum sparsam ausgenutzt und so der größtmögliche Effekt erzielt wurde. Während der Bauzeit waren seiner Ansicht nach Rohbau und Ausbau bereits ineinander übergegangen, wodurch »das eine in das andere hineinwuchs«.

Trotz der anfänglichen Probleme mit dem Untergrund konnte der Neubau am Kontumazgarten nach nur zwei Jahren fertiggestellt und der Krankenhausbetrieb aufgenommen werden. Insgesamt kostete der Neubau zwölf Millionen D-Mark, die reine Bauzeit betrug 16 Monate.

Der Neubau – erster Bauabschnitt

Der Neubau verfügte insgesamt über 300 Betten und war in zwei Teile geglie-

Luftbild des ersten Bau-
abschnitts mit Betten-
haus und Behandlungs-
flügel, 1964

dert: ein Bettenhaus und ein Behandlungsbau. Die Patientenzimmer lagen in
dem von Ost nach West ausgerichteten
Bettenhaus. Dieses bestand vom Erdgeschoss bis zum fünften Stock aus Krankenstationen, die mit Dreibettzimmern
ausgestattet waren. Alle nach Süden und
Westen liegenden Krankenzimmer verfügten über Balkone. Als erste Klinik in
Nürnberg bot die Erler-Klinik an jedem
Bett einen Telefonanschluss an. Die Tele-
fone verfügten über spezielle Lautspre-
cher, so dass auch das Flüstern eines
Schwerverletzten vom Pflegepersonal
verstanden werden konnte. Zudem befanden sich in allen Zimmern Anschlüsse an die zentrale Sauerstoffversorgung
sowie in den Behandlungs- und Operationsräumen Anschlüsse für Lachgas,
Pressluft und zum Absaugen von Luft.

Nach Norden hin in Richtung Pegnitz
erstreckte sich der 32 Meter lange Be-

handlungsflügel mit Operationsräumen,
sowie die Poliklinik mit den Ambulanz-
räumen, der physikalischen Therapie und
einer für die damalige Zeit hochmoder-
nen Bäderabteilung mit Sauna. In der
dritten Etage des Behandlungsbaus, weit
entfernt vom sogenannten aseptischen
Bereich, befand sich die septische Abteilung mit Operationssaal. Der Behandlungsbau verfügte über zwei große Aufzüge.

Ebenfalls in diesem ersten Bauabschnitt wurden die Hausmeisterwohnung
und die Pförtnerloge mit Trafostation errichtet. Zudem verfügte die Klinik über
eine Auffahrrampe für Krankenfahrzeu-
ge, sowie eine im Untergeschoss untergebrachte Wäscherei. Im Untergeschoss
des Bettenhauses befand sich zudem die
Heizungsanlage und die Küche mit ihren
Vorrats- und Kühlräumen. Die Küche
war so angeordnet, dass die Wagen für die

Ausgabe der Speisen auf den einzelnen
Stationen in einem fließbandähnlichen
Ablauf beschickt werden konnten.

Bereits die ersten Planungen sahen
zwei Erweiterungen der Klinik vor. So
sollte das Bettenhaus auf insgesamt 100
Meter Fassadenlänge erweitert und Platz
für zusätzliche 200 Betten geschaffen
werden. Dr. Erlers Absicht war es, die
Klinik »nach Osten hin abzurunden.«
Ebenfalls mit in den Planungen berücksichtigt wurde der Bau eines Schwe-
sternwohnheims. Dieses sollte als Atriumbau gestaltet werden und insgesamt
Platz für 100 Appartements bieten, wurde jedoch nie gebaut. Für diese Erweiterungen hielt die Stadt Nürnberg bereits
Grund und Boden bereit.

Diese bereits eingeplanten Erweiterungen erklären auch die für die damalige Zeit hohen Baukosten von etwa zwölf
Millionen Mark. So beinhaltete der Bau

bereits alle Versorgungseinrichtungen, wie etwa Heizung und Küche, wie sie für den Gesamtbau mit Erweiterungen und insgesamt 500 Betten notwendig gewesen wären.

Die Verwaltung war in dem ehemaligen Wohnhaus Dr. Erlers im vorderen Teil des Grundstücks untergebracht. Nach dessen Abriss im Jahr 1979 zog die Verwaltung in das repräsentativere Gebäude Kontumazgarten 4. Hier befanden sich im Dachgeschoss zeitweilig Zimmer, in denen Schwestern und anderes Personal der Klinik übergangsweise wohnen konnte.

Von Anfang an stand fest, dass die Dr. Erler Klinik nur einen Teil der Betten selbst nutzen würde. Insgesamt 200 Betten, also zwei Drittel der anfänglichen Gesamtzahl, wurden von der neugegründeten 4. Medizinischen Klinik, der nephrologischen Abteilung des Städtischen Krankenhauses, genutzt. Gegründet im Juli 1965, zog diese am 4. Oktober des Jahres in die Unfallklinik am Kontumazgarten; Chefarzt war Prof. Dr. Ulrich Gessler. Die Mieteinnahmen stellten in den nächsten Jahren einen wichtigen Posten auf der Einnahmeseite der Erler-Klinik dar.

Obwohl beide Kliniken fortan im selben Gebäude untergebracht waren, gab es kaum Berührungspunkte. Das Personal sowie die Versorgung und Reinigung wurden von städtischer Seite organisiert. Lediglich bei der Küche griff die 4. Medizin auf die Dr. Erler Klinik zurück. Bereits zu dieser Zeit genoss deren Küche einen guten Ruf. Viele der städtischen

Richtfeste für Klinik und Schwesternwohnheim

Zwei Gebäude, die der Öffentlichkeit dienen, sind im Rohbau fertiggestellt – 304 Betten für Verletzte – Neunstöckiges Hochhaus an der Stadenstraße der Diakonissenanstalt Martha-Maria

Dr. Erler vor dem Neubau seiner Unfallklinik, rechts der Rohbau des Schwesternwohnheimes Martha-Maria.

Für zwei Neubauten, die für den Dienst an der Öffentlichkeit bestimmt sind, konnte gestern das Richtfest gefeiert werden. Viel lobende Worte gab es unter der Richtkrone bei der Unfallklinik Dr. Erler und für das Schwesternwohnheim der Diakonissenanstalt Martha-Maria.

Ärztliche Prominenz, Vertreter der Stadt und Verbände hatten sich am Kontumazgarten eingefunden, um der kurzen Richtfeier für die Unfallklinik beizuwohnen. Dr. Fritz Erler, der Bauherr des Zwölf-Millionen-Projekts, ließ mit wenigen Worten die Schwierigkeiten anklingen, bis der Bau gelang. Architekt Adolf Dunkel sprach den Dank für alle Beteiligten aus.

Der Neubau, an der parkartigen Uferpromenade der Pegnitz gelegen, enthält 304 Betten. Zwei Kliniken, nämlich diejenige von Dr. Erler mit 100 und eine städtische interne mit 200 Betten, sind im Gebäude untergebracht. Der Komplex ist in ein Bettenhaus und einen Behandlungsbau gegliedert.

Im Souterrain des Bettenhauses befinden sich Heizung, Küche und Kühlräume, vom Erdgeschoß bis zum fünften Stock die Krankenstationen, in Drei-Bett-Zimmer aufgeteilt. Das Untergeschoß des Behandlungsbaues enthält Therapie und Bäder, das Erdgeschoß die Poliklinik mit zwei Operationsräumen, Röntgenabteilung und Verwaltung, die übrigen Stockwerke enthalten drei weitere Operationssäle sowie eine septische Abteilung.

Die Patienten werden über eine Rampe angefahren. Zwei Aufzüge stehen zur Verfügung. Schon beim Ausladen kann der Schwerverletzte, wenn nötig, mit Sauerstoff versorgt werden. In den Krankenzimmern sind Anschlüsse an das zentrale Sauerstoffversorgungsnetz vorhanden. Jedes Bett hat Telefonanschluß. Moderne Wechselsprechanlagen ermöglichen einen Sprechverkehr zwischen Patienten und Pflegepersonal, wobei selbst ein Flüstern des Verletzten durch Lautstärkeregelung deutlich gemacht werden kann.

Neben den 304 Betten wurden 47 Plätze in Ein- und Zwei-Bett-Zimmern für das Personal geschaffen. Für später ist eine Verlängerung des Bettenhauses und ein Schwesternwohnheim geplant.

Nürnberger Nachrichten vom 28. November 1964

Mitarbeiter der 4. Medizin zogen das Essen der Dr. Erler Klinik dem der städtischen Klinik vor.

Die Einquartierung der 4. Medizin wurde von Anfang an lediglich als eine Übergangslösung gesehen, wie so oft erwies sich auch dieses Provisorium jedoch als äußerst langlebig. Erst 30 Jahre später, 1994, fand es mit dem Umzug der nephrologischen Klinik in das neue Südklinikum in Langwasser ein Ende.

Für viel Aufregung sorgte 1972 eine Bombendrohung in der Klinik. Diese ging nachts per Telefon ein. Ein Unbekannter drohte, das Krankenhaus in zwei Stunden in die Luft zu sprengen. Dr. Liselotte Frisch informiert sofort Dr. Erler, der sich jedoch wenig besorgt zeigte. Dieser meint lediglich, man solle die Polizei holen und die Klinik evakuieren. Die Klinik wurde daraufhin geräumt und die Patienten in die nahegelegene Reutersbrunnen-Schule gebracht. Die Polizei, die mit Suchhunden anrückte, konnte jedoch keine Bombe finden; die Drohung entpuppt sich als falscher Alarm.

Erweiterung des Bettenhauses

Zwischen 1971 und 1976 wurde der Bettentrakt nach Osten erweitert und wuchs nun auf seine volle Länge von etwa 100 Metern. Die Stadt Nürnberg verkaufte hierfür das in ihrem Besitz befindliche Anwesen Kontumazgarten 12 an die Dr. Erler Klinik. Wie beim ersten Bauabschnitt wurde die Bausumme mit staatlicher, städtischer, berufgenossenschaftlicher und sonstiger Unterstützung aufgebracht. Über mehrere Wochen verkaufte die Klinik im Rahmen einer Tombola Lose zu je einer Mark. Als Preise winkten neben elf Volkswagen Elektrogeräte und Haushaltsgegenstände.

Durch die Erweiterung des Bettenhauses verfügte die Klinik nun über insgesamt 520 Betten, von welchen 278 durch die Dr. Erler Klinik genutzt wurden. Neu war die Trennung der allgemeinchirurgischen und der orthopädischen Operationstrakte. Darüber hinaus erhielt das Krankenhaus eine neue Ambulanz, Bewegungsbäder sowie einen Personalkindergarten. Als Fachgebiete der Klinik galten Allgemeinchirurgie, Unfallchirurgie, Hand- und Plastische Chirurgie sowie die Orthopädie. Im Erdgeschoss des Neubaus befand sich eine großzügig eingerichtete Poliklinik mit

Das 1979 abgebrochene Verwaltungsgebäude Kontumazgarten 14, 1968

Rückansicht des Klinikgebäudes, 1968

vier operativen Arbeitsplätzen für die sofortige Versorgung kleinerer Verletzungen. Ebenfalls im Erdgeschoss untergebracht war der sogenannte Schockraum für die Sofortversorgung schwererer Unfallopfer, sowie die Röntgenabteilung und die Zentralsterilisation. Der Operationstrakt im 1. Obergeschoss bestand aus zwei Abteilungen mit insgesamt fünf OP-Sälen. Diesen Abteilungen war eine gemeinsame Wach- und eine Intensivstation zugeordnet. Im 6. Stock wurde eine Kinderstation eingerichtet.

Die Klinik kommt zur Ruhe

Verbunden mit der Fertigstellung des Neubaus kam es zu einigen personellen Veränderungen in der Klinik. Die langjährige Oberärztin Dr. Liselotte Frisch, die in den letzten Jahren vor allem im Bereich der Handchirurgie in der Klinik tätig gewesen war, verließ 1976 die Klinik. Dr. Erler selbst zog sich von der täglichen Arbeit als Chirurg zurück und verwaltete die Klinik fortan vor allem von seinem Büro in einem Gebäude gegenüber der Klinik. Nur noch in Ellingen operierte er einige Jahre weiter. Die Unfallchirurgische Abteilung, die zu diesem Zeitpunkt über 130 Betten verfügte, übernahm als neuer Chefarzt Dr. Heinz Brebeck; er sollte später auch einige Zeit als Geschäftsführer die Klinik leiten. Nach einer Phase häufiger Arztwechsel – binnen weniger Jahre durchliefen 36 Ärzte die Klinik – kehrte mit Dr. Heinz Brebeck eine gewisse Kontinuität und Ruhe in die Dr. Erler Klinik ein. Er blieb bis 2001 ärztlicher Leiter und prägte deren Entwicklung über ein Vierteljahrhundert entscheidend mit.

Als neue Abteilung wurde 1975 eine Hand- und Plastische Chirurgie eingerichtet, deren Leitung die im In- und Ausland geschulte Fachchirurgin Dr. Christhild Wulle übernahm. Diese hatte anfangs für eine reine handchirurgische Abteilung plädiert, stimmte jedoch auf Dr. Erlers Wunsch hin der Koppelung an die plastische Chirurgie zu. In den nächsten Jahren baute sie in Nürnberg eine handchirurgische Abteilung auf, die auch

Lachend in die Klinik

Der Krankenhausdirektor und der Chefarzt erwarteten Kunigunde Lenz mit Blumen im neuen Klinikum im Kontumazgarten — Vorerst kann nur eine Station belegt werden

Kunigunde Lenz geht lachend ins Krankenhaus. Die Frau hat guten Grund zur Freude, denn als erste Patientin wird sie von Chefarzt Dr. Ulrich Geßler (im weißen Mantel) und Krankenhausdirektor Prof. Dr. Walther Schäfer (rechts) willkommen geheißen. Die leitenden Männer der Krankenhausverwaltung, Direktor Weist, und Verwaltungsrat Häberlein freuen sich mit.

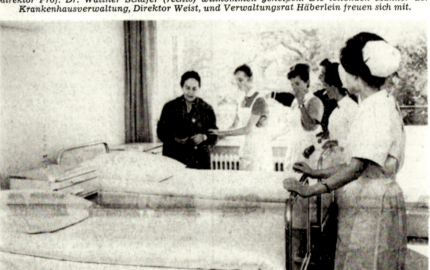

Alle fünf Schwestern sind zur Stelle, um die erste Patientin ans Bett zu geleiten. Die freundlichen Krankenzimmer mit höchstens drei Betten haben alle große Fenster, die Licht, Luft und Sonne hereinlassen; ihnen ist jeweils ein Balkon vorgelagert. Photos: Gerardi (2), Ulrich (2)

Nürnberger Nachrichten vom 5. Oktober 1965

Urkunde der Stadt Nürnberg
zum Klinikneubau, 1964

Dr. Christhild Wulle, 2002

überregional einen sehr guten Ruf genoss. Stolz berichteten die Nürnberger Nachrichten 1976 von einer spektakulären Operation in der Klinik Dr. Erler. Der Maschinist Hermann J. hatte sich beim Holzsägen im Hof seines Hauses mit der Kreissäge den Zeigefinger der linken Hand abgetrennt. Der Finger hing nur noch an einem dünnen Hautfetzen. J. wurde daraufhin auf schnellstem Weg in die Erler-Klinik gebracht. Hier ging Frau Dr. Wulle daran, unter dem Mikroskop die Millimeter dünnen Nerven und Gefäße wieder zusammen zu nähen. Die Mikrooperation dauerte insgesamt fünf Stunden. Die Mikrogefäßchirurgie war zu dieser Zeit noch sehr jung und wurde vor allem im Ausland praktiziert.

Am 1. Juni 1979 trat Dr. Rolf Martin, bisher Arzt für plastische Chirurgie am Klinikum rechts der Isar in München, in die Dr. Erler Klink ein und leitete fortan zusammen mit Dr. Christhild Wulle gleichberechtigt die Abteilung für Hand-, Plastische- und Wiederherstellungs-Chirurgie.

Berufsfachschule für Masseure

Bereits 1969/70 gab es einen ersten Versuch, an der Dr. Erler Klink eine Berufsfachschule für Masseure einzurichten. Die Initiative kam von einem Masseur der Klinik und wurde von Dr. Erler mitgetragen. Vor allem Dr. Frisch war stark in die Planungen und die Umsetzung der Schule mit einbezogen. In einem Rückgebäude des Anwesens Kontumazgarten 4 wurde ein Klassenraum eingerichtet und Lehrbücher angeschafft. Der erste Jahrgang bestand aus 14 Schülern. Als Lehrer wurden neben Frau Dr. Frisch und Herrn Pistorius Ärzte anderer Kliniken engagiert. Die Schule bestand allerdings nur ein Jahr, da die Klinikleitung diese nicht als rentabel erachtete und sie nach Ansicht Dr. Erlers Zeit und Arbeitskraft binden würde.

1975 unternahm Pistorius dann einen zweiten Anlauf: Die etwa 35 angehenden Masseure waren diesmal Blinde oder stark sehbehinderte Schülerinnen und Schüler der Nürnberger Blindenschule. Hierdurch erhielt die Schule staatliche Fördermittel, weshalb der Klinik kaum Kosten entstanden. Die Schule arbeitete fortan eng mit der physiotherapeutischen Abteilung der Klinik zusammen. So unterrichteten einige der Krankengymnasten in der Schule, die ihrerseits Einrichtungen der Klinik nutzte, wie etwa die Bäderabteilung. Die Arbeit gestaltete sich jedoch teilweise schwierig, da die Abteilungen nicht auf die Bedürfnisse von Blinden eingerichtet waren. Die Schule

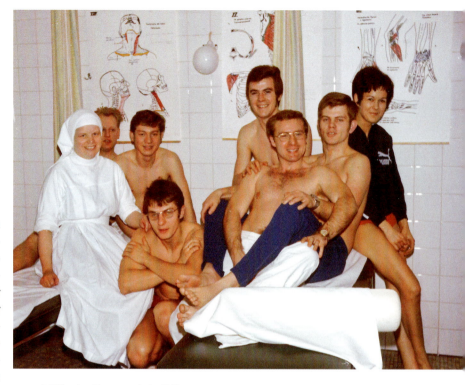

Schüler der Massageschule, 1969

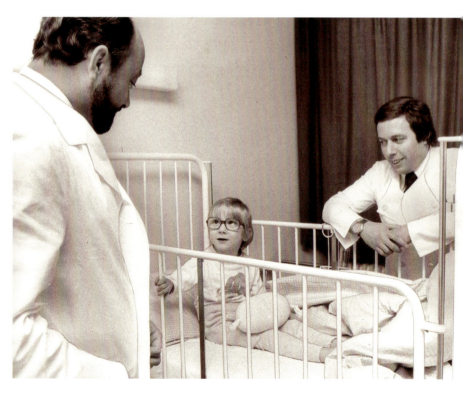

Dr. Luther und Dr. Horst Mayerhofer auf Visite, 1979

Das 1976 fertiggestellte Bettenhaus, 1980

existierte etwa zehn Jahre und zog dann nach Langwasser in den 1978 eingeweihten Neubau der Nürnberger Blindenanstalt um.

Sorge für die Mitarbeiter

Nicht nur bei seinen Patienten, sondern auch gegenüber seinen Mitarbeitern zeigte Dr. Erler eine gewisse soziale Ader. So wurde beispielsweise bereits 1963 der »Unterstützungsverein der Unfallkliniken Dr. Erler e.V.« gegründet. Zweck des Vereins war es, Arbeitnehmer und auch ehemalige Mitarbeiter der Klinik in Notlagen finanziell zu unterstützen. Den Grundstock des Vereins bildete eine Einlage Dr. Erlers von 50.000 D-Mark. Die weitere Finanzierung des Vereins erfolgte durch Spenden und Zinsen. Der Unterstützungsverein half fortan in Not geratenen Mitarbeitern mit zinslosen Darlehen von bis zu 3.000 D-Mark, spä-

ter 1.500 Euro. Der Verein wird durch ein siebenköpfiges Gremium geleitet und existiert bis heute.

Eine weitere Unterstützungsmaßnahme bildete eine Lebensversicherung, die Dr. Erler für jeden seiner Mitarbeiter abschloss und die beim Ausscheiden aus der Klinik ausbezahlt wurde. Auch mit kleineren Gesten zeigte sich Dr. Erler seinen Mitarbeitern gegenüber verbunden. So erhielt jeder Mitarbeiter am Maiausflug fünf D-Mark Taschengeld, beim Bockbierfest stiftete er ein Fass Bier oder spendierte der ganzen Belegschaft Krapfen, hier jedoch meist mit dem Hinweis an den Einkäufer: »Lassen Sie sich welche von gestern geben.«

Dr. Erler sah sich in seiner Klinik als Patriarch und daher auch selbst in der Verantwortung für seine Mitarbeiter. Dies erklärt vermutlich auch seine Ablehnung gegenüber Gewerkschaften und Be-

triebsräten. Erst im dritten Anlauf und gegen den Widerstand Dr. Erlers wurde am 8. März 1979 erstmals ein Betriebsrat gewählt.

Trotz Dr. Erlers Eigenheiten herrschte in der Klinik unter den Mitarbeitern ein gutes Verhältnis, das Betriebsklima wurde als positiv bezeichnet. Dies zeigte auch die Vielzahl an langjährigen Mitarbeitern.

Erweiterungspläne

Bereits in den 1970er Jahren und dann vor allem ab den 1980er Jahren änderten sich die Behandlungsmethoden in der Klinik. Mehr und mehr Operationen wurden ambulant durchgeführt oder beduften nur noch weniger Tage Klinikaufenthalt. Einerseits entlastete dies die Klinik, andererseits konnten die Ärzte nun weniger Einfluss auf die Genesung nehmen. Trotz dieser Veränderungen erwies sich selbst der große Klinikneubau bald wieder als zu klein. 1979 war die Dr. Erler Klinik am Kontumazgarten mit ihren 217 Betten zu 99,3 Prozent ausgelastet. Ein Nachteil dieser starken Auslastung war, dass bei Notfällen kaum genug Platz blieb, um adäquat reagieren zu können. In einem Interview mit den Nürnberger Nachrichten äußert sich Dr. Heinz Brebeck hierzu: »Vor allem die große Ambulanz mit ihren 24.000 Patienten im Jahr oder die Röntgenabteilung mit 53.874 Aufnahmen braucht dringend mehr Platz.«

Dr. Erlers Wunsch, einen Hubschrauberlandeplatz bauen zu lassen, scheiterte 1979 am Sozialausschuss des Stadtrates. Zuvor waren die Hubschrauber mit Schwerkranken auf der Deutschherrenwiese gelandet. Dies wurde durch den Bau der Löhe-Schule unmöglich. Der Nürnberger Sozialreferent Prof. Hans Joachim Jahn war der Ansicht, dass sich ein solcher Landeplatz bei einem Investitionsvolumen von 1,2 Millionen Mark und drei Einsätzen im Jahr nicht rechnen würde. SPD-Stadtrat Gerhard Schönfelder fand den Landeplatz auch aus Gründen der Stadtentwicklung fragwürdig; Starts und Landungen sollten lieber auf dem Sportplatz Deutschherrenwiese stattfinden.

Um den Ausbau der Klinik am Kontumazgarten weiter voranzutreiben, kaufte die Dr. Erler Klinik gGmbH 1980 das Anwesen Kontumazgarten 8. Zudem gab es in diesen Jahren konkrete Pläne, die Grundstücke auf der gegenüberlie-

Dr. Heinz Brebeck (rechts) überreichte den Hauptgewinn der für den Neubau veranstalteten Tombola, 1988

genden Straßenseite anzukaufen. Diese Planungen verliefen jedoch im Sande; eine Verbindung zum Haupthaus hätte sich zudem sehr schwierig gestaltet.

Ziele der Erweiterungen sollten sein, die aus allen Nähten platzende Unfall-Ambulanz im Hauptgebäude zu entlasten sowie eine neue Poliklinik und eine größere Röntgenabteilung einzurichten.

Im Rahmen dieser ohnehin überfälligen Erweiterungsabsichten wurde 1980 erwogen, einen atomsicheren Betten-

und Operationstrakt mit drei unterirdischen Geschossen zu errichten. Ein Anreiz für den Bau eines solchen unterirdischen Bunkers waren staatliche Zuschüsse, die damals für derartige Einrichtungen gezahlt wurden. Der Notbereich sollte über zwei Operationssäle sowie weitere Versorgungsräume für den Katastrophen- oder Krisenfall verfügen. Was heute abwegig erscheinen mag, war für viele Menschen in Zeiten des Kalten Krieges ein durchaus denkbares Szena-

Das kleine Sandsteinhaus auf dem Grundstück Kontumazgarten 8, 1973

rio. Da zu dieser Zeit ohnehin bereits ausschließlich bei Kunstlicht operiert wurde, hätten die Operationsräume auch zu normalen Zeiten genutzt werden können. Der Notbettentrakt hingegen wäre ausschließlich in Notzeiten zu nutzen gewesen. In der übrigen Zeit sollten die Bunkerräume als Lagerräume und Tiefgarage dienen. Der unterirdische Krankenhausbunker wurde nie realisiert.

Größere Probleme hatte man indes mit bereits bestehenden Gebäuden. Die Planungen für die Klinikerweiterung zogen sich hin. Ein Grund war ein Gebäude, welches sich auf dem zukünftigen Bauplatz befand. Da es noch bewohnt war, erhielt die Dr. Erler Klinik keine Abrissgenehmigung. Bei dem Wohnhaus handelte es sich um ein kleines Sandstein-Gebäude aus dem 19. Jahrhundert. »Ein hässliches Entlein aus Renaissance und sonstnochwas« titelt die Presse. Das Klinikpersonal nannte das Häuschen

scherzhaft »Rocky-Docky-Haus«. Zwar stand das Gebäude bereits ein Jahr später leer und hätte abgerissen werden können, dennoch wäre es der Klinikleitung lieber gewesen, das Häuschen zu erhalten. So sollte ein Liebhaber gefunden werden, der das Gebäude abträgt und an anderer Stelle wieder aufbaut. Ein Presseaufruf zugunsten des zu verschenkenden Häuschens brachte jedoch keinen Erfolg.

Ende der 1980er Jahre wurde die Parkplatzsituation an der Dr. Erler Klinik zu einem wachsenden Problem. Wegen fehlender Parkplätze in unmittelbarer Nähe des Klinikgebäudes wichen viele der Besucher und Patienten auf die Kleinweidenmühle aus. Obgleich hier nur 20 Stellplätze vorhanden waren, standen hier oftmals bis zu 50 Fahrzeuge. Mit Unterschriftenaktionen versuchten die Anwohner, sich gegen die Situation zu wehren. Die Dr. Erler Klinik war

sich der Problematik bewusst und stellte daher den Bau einer Tiefgarage unter dem Patientengarten mit 122 Stellplätzen in Aussicht. Der Bau der Tiefgarage verzögerte sich jedoch immer wieder. Schließlich wurde klar, dass die Klinik erst nach dem Umzug der 4. medizinischen Klinik in das neue Südklinikum in Langwasser saniert werden wird.

1987 wurde die Schließung des Kindergartens angekündigt. Ähnlich waren auch schon andere Firmenkindergärten, so etwa der Betriebskindergarten der Firma Siemens geschlossen worden. Der Kindergarten bot zu diesem Zeitpunkt Platz für 15 Jungen und Mädchen. Nach Angaben der Klinikleitung wurde die vorschulische Einrichtung jährlich mit 123.000 D-Mark bezuschusst, wobei allerdings nur jährliche Beiträge von 17.640 D-Mark eingingen. Weil mehr als 50 Prozent der Kinder nicht von Betriebsangehörigen waren, beschloss die Klinik den Kindergarten zu schließen.

1992 wurden in der Dr. Erler Klinik 35.000 Personen ambulant und 8.000 Personen stationär versorgt. Die Dr. Erler Klink beschäftigte zu diesem Zeitpunkt 41 Ärzte, 120 Krankenschwestern und Pfleger, acht Krankengymnastinnen und Masseure sowie zwei Ergotherapeutinnen. Zusammen mit dem Labor- und OP-Personal sowie den Verwaltungsmitarbeitern waren insgesamt 363 Personen angestellt.

Jahrzehntelange Kooperation

Die Erler-Klinik und die Berufsgenossenschaften

Die Wurzeln der Berufsgenossenschaften liegen im Zeitalter der Industrialisierung in der zweiten Hälfte des 19. Jahrhunderts. Mit dem Unfallversicherungsgesetz vom 6. Juli 1884 wurden die rechtlichen Voraussetzungen für die Errichtung von Berufsgenossenschaften gelegt. Hierbei handelte es sich um selbstverwaltete Zusammenschlüsse von Unternehmen eines Wirtschaftszweiges. 1888 existierten im Deutschen Reich 62 solcher Vereinigungen mit 366 regionalen Verwaltungsstellen und über 3,8 Millionen Versicherten. Die gewerblichen Berufsgenossenschaften waren fortan die alleinigen Träger der gesetzlichen Unfallversicherung für die Unternehmen und deren Beschäftigte in den von ihnen betreuten Wirtschaftsbereichen.

Bereits in der Anfangsphase schlossen sich einige Berufsgenossenschaften zu größeren Verbänden zusammen; so gründeten etwa 1887 32 Berufsgenossenschaften in Berlin den »Deutschen Verband der Berufsgenossenschaften«, der bis 2007 Bestand hatte und dann in den Spitzenverband der deutschen Versicherungsträger überging.

Von Beginn an bildete die Unfallverhütung einen wichtigen Arbeitsbereich der Berufsgenossenschaften. So oblag ihnen die Überwachung der Betriebe hinsichtlich der Einhaltung der Unfallverhütungsvorschriften. Daneben bildete die Versorgung nach Arbeitsunfällen und bei Berufskrankheiten eine der Kernaufgaben.

Das D-Arztverfahren

Das Prinzip, nach dem die Berufsgenossenschaften tätig wurden und nach dem bis heute abgerechnet wird, ist das sogenannte Durchgangsarztverfahren (D-Arzt Verfahren).

Der D-Arzt ist ein Facharzt für Unfallchirurgie und übernimmt die Erstversorgung von Arbeits- und Wegunfällen, bei denen die gesetzlichen Unfallversicherungen, hier in der Regel eine Berufsgenossenschaft, die Behandlungskosten übernehmen. Neben der Erstversorgung ist der D-Arzt als Vertreter der Unfallversicherung für die Steuerung des weiteren Heilverfahrens, der Rehabilitation bis hin zur Festlegung möglicher Entschädigungsleistungen zuständig. Das D-Arztverfahren greift bei Unfällen, die über den Unfalltag hinaus zur Arbeitsunfähigkeit führen und bei denen die ärztliche Behandlung voraussichtlich länger als eine Woche dauert oder bei denen Heil- und Hilfsmittel verordnet werden. Neben der Erstversorgung hat ein D-Arzt umfangreiche Dokumentations- und Berichterstattungspflichten gegenüber den Unfallversicherungen, den Krankenkassen sowie dem Arzt, der die weitere Behandlung übernimmt. Heute gibt es in Deutschland etwa 4.200 Durchgangsärzte, die jährlich etwa 3,2 Millionen Versicherte behandeln (Stand 2021).

Die Berufsgenossenschaften und die Kliniken Dr. Erler

Seit den 1930er Jahren bestand zwischen den Kliniken Dr. Erler und den Berufsgenossenschaften eine enge Verbindung. Auf Geheiß der dem »Verband der Deutschen gewerblichen Berufsgenossenschaften« angeschlossenen Berufsgenossenschaft Mälzerei zog Dr. Fritz Erler – zu dieser Zeit bereits D-Arzt – Mitte der 1930er Jahre nach Nürnberg. Hier sollte er in der Diakonissenanstalt Martha-Maria eine Sonderstation für Heil- und Berufsfürsorge Schwerunfallverletzter ein-

Eröffnungsfeier der neuen Klinik am Kontumazgarten in Anwesenheit von Vertretern der Berufsgenossenschaften im Herbst 1965: In der ersten Reihe Dr. Fritz Erler (Zweiter von rechts) mit Vertretern der Berufsgenossenschaft Chemie und der Berufsgenossenschaft Eisen und Stahl rechts und links von ihm

richten; die Kosten hierfür übernahmen die Berufsgenossenschaften.

Auch in den Folgejahren blieb Dr. Erler den Berufsgenossenschaften treu. Die Behandlung von Patienten der Berufsgenossenschaften bildete fortan eine Kernaufgabe der Dr. Erler Klinik, erst in der Fürther Straße, später am Kontumazgarten. Vertreter der Berufsgenossenschaften waren häufige und gern gesehene Gäste bei den Weihnachtsfeiern der Klinik und anderen Veranstaltungen. Daher war es nur als eine logische Fortführung dieser Beziehung zu sehen, als die Berufsgenossenschaften 1963 Mitgesellschafter der neu gegründeten gGmbH wurden. Der Neubau der großzügigen Klinik am Kontumazgarten wäre für Dr. Erler ohne zinsgünstige Kredite der Berufsgenossenschaften nicht zu realisieren gewesen. Viele der Abteilungen der Kliniken Dr. Erler, angefangen von der Unfallchirurgischen Abteilung über die Orthopädie, die Hand- und Plastische Chirurgie und die Intensivmedizin bis hin zu den Nachsorgeabteilungen, leiten sich direkt aus dieser Kooperation ab und wurden in Zusammenarbeit mit den Berufsgenossenschaften ständig weiterentwickelt. Ein weiterer Bereich der Zusammenarbeit war die Gutachtertätigkeit, die neben Dr. Erler auch weitere leitende Ärzte der Klinik übernahmen.

Mit der Umwandlung der Trägerschaft der Kliniken in eine Stiftung 1987 erhielten die Berufsgenossenschaften mehr Mitspracherecht und stellen Mitglieder des Stiftungsrates. Die umfangreichen Um- und Neubaumaßnahmen zwischen 1993 und 2009 wären ohne die Mithilfe der Berufsgenossenschaften ebenfalls nicht zu verwirklichen gewesen. Bis heute sind die Berufsgenossenschaften wichtige Partner der Kliniken Dr. Erler.

Mit Blaulicht und Stethoskop zur Unfallstelle

Eine Nacht im Schichtdienst an der Erler-Klinik

19:42 Uhr: Auf der Unfallstation der Dr.-Erler-Klinik am Kontumazgarten herrscht Hochbetrieb. Eine 79jährige Frau hat sich das Schultergelenk gebrochen, wird geröntgt und erhält einen Stützverband. »Nur gebrochen, da bin ich ja froh«, meint sie. Sie hatte schon befürchtet, das Gelenk sei ausgekugelt und müsse unter Schmerzen eingerenkt werden.

Einer anderen Patientin sind auf der Wendeltreppe zu Hause »einfach die Beine weggeklappt«, wie sie Dr. Klaus-Dieter Haselhuhn erzählt. Sie blutet am Kopf. Ihre Tochter hat sie in die Klinik gefahren, hält der Mutter die Hand, während der 30jährige Assistenzarzt mit wenigen Stichen die Wunde näht. Außerdem warten zwei Männer mit Schnittwunden und eine Frau mit angebrochenem Zeigefinger auf Behandlung.

Nachtschicht in der Unfallchirurgie: »Das ist manchmal nichts als ein paar Platzwunden und ein andermal ist der Arzt bis sieben Uhr früh ununterbrochen auf den Beinen, hat Fälle die sofort operiert werden müssen«, skizziert Dr. Haselhuhn die Arbeit beim nächtlichen Bereitschaftsdienst. Sind die Fälle nicht akut, operieren die Ärzte erst am nächsten Tag.

Aus den Nürnberger Nachrichten vom 21. Januar 1986

»Normalerweise ist an einem Werktag nicht so viel los wie heute; liegt wohl an den glatten Gehsteigen«, erläutert der Sanitäter Rolf N. (24), der mit seinen Kollegen gerade einen deutlich angeheiterten Mann auf die Station geliefert hat. Die klaffende Wunde am Kopf scheint den Angetrunkenen, der von der Bahnpolizei am Bahnhof Dutzendteich entdeckt wurde, nicht zu stören. »Sitzt a schwarz Ding daham, heut geh ich nimmer ham«, singt er.

Konjunktur herrscht in der Nacht-Ambulanz vor allem am Freitag und Samstagabend, wenn die meisten Leute unterwegs sind. Samstag ist zudem »Heimwerkertag«, so Dr. Michael May, der in der Orthopädie Bereitschaftsdienst macht und, weil dort weniger los ist, in der Unfallchirurgie aushilft: »Am Samstag wird gewerkelt und gewerkelt und wie gefährlich eine Kreissäge ist, erkennen Viele erst, wenn es zu spät ist«. Auch der Sonntag hat seine speziellen Unfallpatienten: Die Fußballer. Ab 17 Uhr trudeln in schöner Regelmäßigkeit die Opfer ei-

ner zu harten Gangart auf dem Rasen ein. Ruhig wird es da erst wieder, wenn ab 19:30 Uhr die »Schwarzwaldklinik« läuft. »Da fällt keiner vom Sessel«, so Dr. Haselhuhn.

Besonders schlimm ist es an Tagen wie Silvester, Rosenmontag oder bei Glatteis: »Da ist der Gang schon mal schwarz von Leuten.« Und auch vor Überraschungen sind die Mediziner nicht gefeit: Einmal hatten sie nach einer Wirtschaftsschlägerei 40 Leute auf einmal zu verarzten. Neben der Erler-Klinik nimmt auch das Städtische Klinikum an der Flurstraße nachts Unfallpatienten in größerer Zahl an.

19:58 Uhr. »Unfall Bucher Straße, vermutlich Schädel«, meldet die Röntgenassistentin Josefine Weber (24) vom Notruftelefon. Klaus-Dieter Haselhuhn packt sein Stethoskop und eine kleine Stablampe, eilt zum Klinikausgang. Er ist an diesem Abend der zweite Notarzt und springt ein, wenn der erste gerade im Einsatz ist.

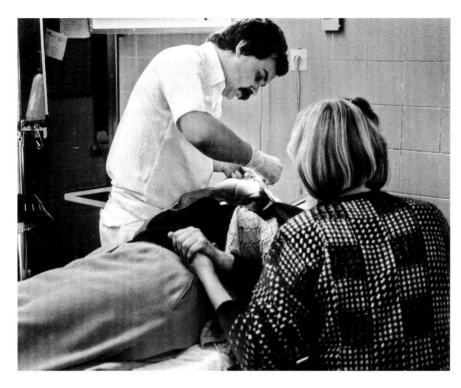

Dr. med. Klaus-Dieter Haselhuhn, der spätere Chefarzt der Klinik für Unfallchirurgie, näht in der Unfall-Ambulanz eine Platzwunde, Fotografie 1986

In vier Minuten ist er mit dem Rettungswagen am Unfallort. Ein Mann liegt regungslos, in eine Decke gehüllt auf der Verkehrsinsel bei der Straßenbahnhaltestelle an der Juvenellstraße. »Der ist rumgetorkelt, auf einmal hat er das Gleichgewicht verloren und ist mit dem Kopf auf das Pflaster geschlagen«, erzählt ein Zeuge.

Im schnellen Tempo wird der Verletzte zum Kontumazgarten gefahren. Wie die Röntgenbilder zeigen, ist der Schädel heil geblieben. Eine Platzwunde muss genäht werden.

Ab 21:30 Uhr flacht der Betrieb auf der Unfallstation deutlich ab. Eine Frau ist vor der Haustür gestürzt und hat sich das Ellenbogengelenk ausgekugelt; ein Jugendlicher blutet am Daumen, in den er sich beim Brotschneiden geschnitten hat; ein Lagerarbeiter schließlich leidet an Verspannungen der Rückenmuskulatur. Hektisch wird es lediglich, als um 0:50 Uhr noch einmal ein Notfall an der Bärenschanze gemeldet wird.

Mit dem Polizeiauto jagt Dr. Haselhuhn zu dem Patienten, der mit einem Blutdruck von 330 und heftig nach Luft ringend in seiner Wohnung gefunden wurde. Der Arzt spritzt blutdrucksenkende Mittel, mit Blaulicht und Martinshorn geht es zur Flurstraße, da die Erlerklinik keine Abteilung für innere Medizin besitzt.

Nach 1.30 Uhr bringt die Polizei noch zwei Autofahrer zur Blutentnahme. Um 3:50 Uhr muss Dr. Haselhuhn einem Patienten außerdem das gebrochene Nasenbein schienen und seine 28jährige Kollegin Moosmeier wird um sechs Uhr noch einmal aus dem Bett geholt: Eine Schnittwunde ist zu nähen.

Judo müssen die Mediziner der Erler-Klinik bei der Blutentnahme nicht anwenden. Dr. Haselhuhn: »Die meisten sind friedlich und wenn nicht, hilft fast immer gutes zureden«. Auf Streit ließe er sich auch nicht ein: »Dann geht es zum Amtsarzt. Der allein ist zur Blutentnahme verpflichtet. Handgreifliche Auseinandersetzungen würden dem Ansehen der Klinik nur schaden«.

Wenn um sieben Uhr früh der Nachtdienst endet, ist für Katharina Moosmeier, Klaus-Dieter Haselhuhn und Michael May die Arbeit freilich nicht vorbei: 33 Stunden an einem Stück müssen sie auf den Beinen sein; Von sieben Uhr des einen Tages, bis 16 Uhr des nächsten, sechsmal im Monat. »Wenn einige Notfälle oder Operationen dabei sind, geht das schon an die Nerven«, meint Dr. Haselhuhn.

Dass durch den langen Dienst leichter »Kunstfehler« passieren könnten, glaubt er nicht: »Durch die steigende Zahl von Regressansprüchen sind wir Ärzte ohnehin auf der Hut und röntgen lieber einmal zu viel, um jede Fehldiagnose auszuschalten.«

Im Schnitt kommen die Ärzte auf eine 75- bis 80-Stunden-Woche, möchten auf das zusätzliche Salär durch die Überstunden auch nicht verzichten. Würden mehr Ärzte angestellt, um die Stunden zu reduzieren, würde sich zudem die Facharztausbildung verlängern. Die Ärzte kämen dann nämlich nicht so schnell zu der vorgeschriebenen Zahl an Operationen. Und mehr Ärzte trieben natürlich auch die Behandlungskosten weiter in die Höhe.

GRÜNDER UND STIFTER DER KLINIKEN
DR. ERLER GMBH UND DER DR.FRITZ
ERLER STIFTUNG.
DR. MED.FRITZ ERLER
*5.9.1899 IN FREIBERG/SACHSEN
+ 10.9.1992 IN NÜRNBERG.

Bronzerelief des Künstlers Wilhelm Manfred Raumberger, 1999

Die Dr. Fritz Erler Stiftung

Bewahren des Lebenswerks

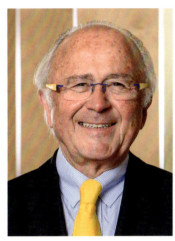

Vorsitzender des Stiftungsvorstands
Prof. Dr. med. Martin Börner (oben)
und sein Stellvertreter Paul Klementz

Die Kliniken Dr. Erler können mit Fug und Recht als das beeindruckende Lebenswerk von Dr. Fritz Erler gelten. Nicht nur widmete sich Dr. Erler seit der Gründung 1963 ausschließlich der Klinik. Auch in finanzieller Hinsicht wäre die Einrichtung ohne Dr. Erler nicht denkbar, da sein Anteil am Stammkapital der gGmbh immerhin 90 Prozent betrug.

Bereits seit den frühen 1980er Jahren zog sich Dr. Fritz Erler mehr und mehr aus dem Alltagsgeschehen der Klinik zurück. Er betrat diese kaum noch und hielt sich vor allem in seinem Büro im Gebäude Kontumazgarten 11 auf. Dr. Heinz Brebeck übernahm Anfang der 1980er Jahre für einige Zeit neben der ärztlichen Leitung der Klinik zusammen mit Dr. Erlers langjährigem Steuerberater Richard Gleisl die Geschäftsführung.

Um die Kliniken auch über seinen Tod hinaus zu bewahren und fortzuführen, beschloss Dr. Fritz Erler, auf Anraten von Richard Gleisl, die Trägerschaft der gGmbH in eine Stiftung umzuwandeln. Diese Absicht hielt er im Oktober 1986 in seinem Testament fest. Hier heißt es: »Ich bin geschäftsführender Gesellschafter der Kliniken Dr. Erler gGmbH mit dem Sitz in Nürnberg, von deren Stammkapital zu 500.000 DM ich einen Geschäftsanteil von 460.000 DM besitze, … Ich beabsichtige, noch zu meinen Lebzeiten unter der Bezeichnung »Dr. Fritz-Erler-Stiftung« oder unter einer ähnlichen Bezeichnung eine Stiftung einzurichten und dieser meine Geschäftsanteile zu Lebzeiten zu übertragen.«

Die eigentliche Umwandlung in eine Stiftung erfolgte ein halbes Jahr später am

Ein ehrenamtlicher Patientendienst unterstützt das Hilfsprojekt »Umgang mit kognitiv eingeschränkten Patientinnen und Patienten«, 2016

6. April 1987. Das Stammkapital der Kliniken Dr. Erler gGmbh wurde von den Gesellschaftern, allen voran Dr. Erler, aber auch von der Süddeutschen Eisen- und Stahl-Berufsgenossenschaft, der Berufsgenossenschaft Tiefbau, der Stadt Nürnberg sowie dem Deutschen Paritätischen Wohlfahrtsverband (heute: Der Paritätische) vollständig in die Stiftung übertragen, die nun alleinige Eigentümerin der Kliniken Dr. Erler gGmbH wurde.

Die Organe der Stiftung

Die Satzung der neuen Stiftung bürgerlichen Rechts wurde am 24. April 1987 durch das Bayerische Staatsministerium des Inneren genehmigt, wodurch sie offiziell geschäftsfähig wurde. Die ersten Mitglieder des Stiftungsrats bestimmte Dr. Fritz Erler selbst. Dies waren je ein Vertreter der Stadt Nürnberg, des Deutschen Paritätischen Wohlfahrtsverbandes, des Landesverbands Bayern e.V. der Süddeutschen Eisen- und Stahl-Berufsgenossenschaft, der Tiefbau-Berufsgenossenschaft sowie des Landesverbandes Bayern der gewerblichen Berufsgenossenschaften. Hinzu kamen der rang-

höchste Arzt der Kliniken Dr. Erler Dr. Heinz Brebeck, der Steuerberater der Kliniken Richard Gleisl sowie Dr. Christhild Wulle, Dr. Helmut Alter und Frau Neubauer, die über entsprechende Fachkenntnisse auf dem Gebiet der Medizin oder im kaufmännischen, steuerlichen oder rechtlichen Bereich verfügten. Als erste Vorstände fungierten neben Dr. Fritz Erler der ärztliche Direktor der Kliniken Dr. Heinz Brebeck sowie der Steuerberater Richard Gleisl.

Nach dem Tod Dr. Fritz Erlers im September 1992 erfuhr die Stiftung zwei Satzungsänderungen, im November 1992 und im Januar 1993. Die neue Satzung sah vor, dass der Stiftungsvorstand nun aus drei Personen bestehen solle: Eine mit Fachkenntnissen auf dem Gebiet der Medizin, die beiden anderen sollten über Fachkenntnisse im kaufmännischen, steuerlichen oder rechtlichen Bereich verfügen.

Außerdem wurde die Anzahl der Stiftungsratsmitglieder von elf auf neun reduziert. Neben den sechs »geborenen« Mitgliedern konnte der Stiftungsrat drei weitere Mitglieder berufen.

Seit 2013 besteht zudem die Option, dass der Vorstand aus zwei oder drei Mitgliedern bestehen kann. Die Anzahl der Stiftungsratsmitglieder wurde auf zehn erhöht.

Die gemeinnützige Dr. Fritz Erler Stiftung ist Eigentümerin der Kliniken Dr. Erler gGmbH.

Aufgaben der Stiftung

Zu den Aufgaben der Stiftung gehört neben dem Betrieb der Kliniken die Anschaffung besonderer Ausstattungsgenstände, die Erstattung von Kosten für medizinische Untersuchungen, die kein Kostenträger übernimmt, die Unterstützung bedürftiger Patienten sowie die Förderung der medizinischen Forschung und Lehre.

Zusätzlich zum Stiftungskapital werden die Projekte der Stiftung auch über Spenden von außen finanziert.

HappyMed-Brillen

Ein Projekt, das durch die finanzielle Unterstützung der Stiftung ermöglicht wurde, sind die sogenannten HappyMed-Videobrillen, die Patienten jeden Alters

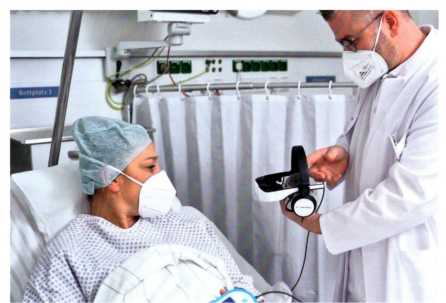

Patientin mit HappyMed-Brille, 2022

bei Operationen tragen können. Vor einer Operation mit Regionalanästhesie können die Patienten aus einer großen Zahl an Filmen, Konzerten und Dokumentationen wählen und sehen sich während des Eingriffs mit der Videobrille und Kopfhörern das selbstgewählte Programm an. Für Brillenträger ist die individuelle Sehstärke einstellbar. Die Videobrillen wirken nachgewiesenermaßen als eine Art digitales Beruhigungsmittel, wird doch der Patient von der Kliniksituation abgelenkt und sogar vom subjektiven Schmerzempfinden entkoppelt.

Inklusion

Ein weiterer wichtiger Kernbereich der Arbeit der Stiftung ist die Inklusion. Die Kliniken Dr. Erler unterstützen hier die Arbeit des Projekts »Fit für Inklusion« des Paritätischen. In dem Projekt treten Menschen mit Behinderung als Experten in eigener Sache auf. Sie überprüfen Einrichtungen auf Barrierefreiheit und entwickeln Verbesserungsmaßnahmen mit dem Ziel, größtmögliche Teilhabe zu erreichen.

»Kognitiv eingeschränkt Projekt«

Ein weiteres Projekt der Stiftung widmet sich der Betreuung von Patienten mit vorübergehender kognitiver Beeinträchtigung. Ein Klinikaufenthalt bedeutet für manche Patienten eine sehr schwierige Situation, die sie vor große persönliche Herausforderungen stellt und sogar zu psychischen Ausnahmereaktionen führen kann. Hierbei kümmert sich ein spezialisiertes Team aus Ärzten, Pflegekräften und Ehrenamtlichen um diese Patientengruppe und ihre besonderen Bedürfnisse. Um mit kognitiv beeinträchtigten Menschen richtig umgehen zu können, werden die Mitarbeiter regelmäßig geschult. Zudem wurde die Ausstattung der Stationen auf die Bedürfnisse dieser Patienten und Patientinnen angepasst.

Teilnehmer des Projekts »Fit für Inklusion«, 2017

Humanitäre Hilfe

Eines der Kernthemen der Stiftungstätigkeit ist die Unterstützung von Kindern und Jugendlichen aus Krisengebieten wie Afghanistan, Syrien oder Nigeria. Um hier den jungen Menschen die nötige medizinische Versorgung zu bieten, arbeiten die Klinken Dr. Erler als Fachklinik für Chirurgie und Orthopädie seit den 1980er Jahren mit renommierten Hilfsorganisationen, wie dem Friedensdorf International zusammen. Regelmäßig kommen hierbei junge Patienten aus Krisengebieten in die Klinik, um hier operiert zu werden. Das Ziel ist immer, dass die Kinder und Jugendlichen anschließend ein möglichst beschwerdefreies und selbstbestimmtes Leben führen können.

Eine der ersten Patientinnen war 1988 die elfjährige Nigar aus der Türkei. Sie war 1986 in ihrem Heimatdorf bei Izmir angefahren und schwer verletzt worden. Seitdem war sie querschnittsgelähmt und ihre Wirbelsäule stark verkrümmt. Weil die Ärzte in ihrer Heimat ihr nicht helfen konnten, brachte eine befreundete Familie das Mädchen nach Nürnberg. Hier wurde das Kind von Prof. Dr. Thomas Stuhler kostenlos operiert. Um die Kosten für die weitere Behandlung abdecken zu können, wurde ein Spendenaufruf gestartet. Innerhalb von nur vier Tagen spendeten die Nürnberger 41.000 D-Mark, weitere 20.000 D-Mark stellte das Türkische Konsulat zur Verfügung. Nach Rehabilitationsmaßnahmen in Bayreuth konnte Nigar nach elf Monaten in ihre Heimat zurückkehren.

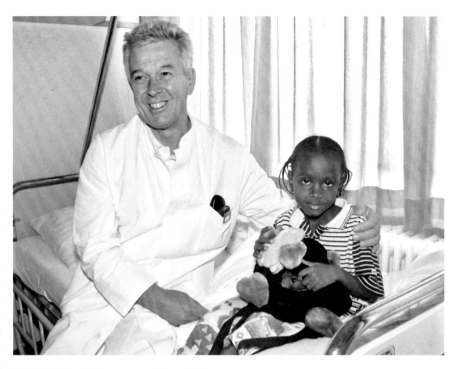

Dr. Rolf Martin mit Mariama aus Guinea, 1998

Demselben Prinzip sah sich die Klinik auch 2004 verpflichtet, als im Rahmen eines Hilfseinsatzes des Friedensdorf International der neunjährige Abdul aus Afghanistan eine kostenlose Versorgung für seine schweren Verletzungen am linken Bein erhielt, wegen denen er kaum gehen konnte. »Die medizinische Versorgung ist langwierig und schwierig« meinte Dr. Klaus-Dieter Haselhuhn, Chefarzt der Klinik für Unfallchirurgie. Wegen der schweren Verletzungen musste das Bein amputiert werden und Abdul wurde von einer Fürther Firma kostenlos eine Prothese angefertigt. Alle Kosten für die Unterbringung übernahmen die Klinken Dr. Erler. Wegen der schnellen Erfolge wurde Abdul kurze Zeit später in ein Heim der Friedensdorf Initiative gebracht und konnte einige Monate danach in sein Heimat zurückkehren. »Auch wenn die medizinische Behandlung nicht zur Wiederherstellung der kör-

pereigenen Funktionen des linken Beines geführt hat«, betont Chefarzt Klaus-Dieter Hasselhuhn, »so haben wir dem Jungen wenigstens etwas Mobilität und Lebensqualität für sein weiteres Leben zurückgegeben.«

Im Rahmen des 60. Angola-Einsatzes von Friedensdorf International kam Adelino im November 2016 gemeinsam mit 70 weiteren Kindern und Jugendlichen zur medizinischen Behandlung nach Deutschland. Der Zwölfjährige litt unter einer schweren Knochenentzündung im linken Unterschenkel, weshalb eine Amputation unausweichlich schien. Bereits in seiner Heimat voroperiert, war eine medizinische Behandlung in Deutschland Adelinos letzte Hoffnung.

Kurz nach seiner Ankunft in Deutschland wurde er operiert. Nach einem mehrmonatigen Krankenhausaufenthalt schien er zu gesunden: Zurück im Friedensdorf in Oberhausen wartete er ge-

Dr. Klaus-Dieter Haselhuhn mit Rita aus Angola, 2008

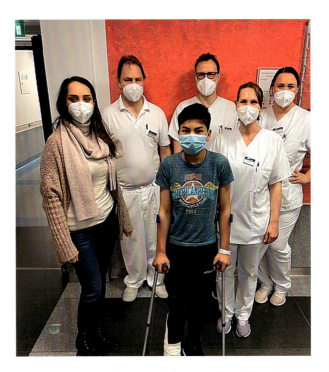

Saba Dedjban (l.), Prof. Dr. Roland Biber (2. v. l.) und Pflege-Team
mit Amin aus Afghanistan, 2022

duldig auf die Rückkehr zu seiner Familie, erlernte inzwischen die deutsche Sprache und erholte sich zunächst gut.

Doch dann entzündete sich seine Wunde erneut. Hilfesuchend bat das Friedensdorf International Dr. med. Haselhuhn, den Jungen erneut zu operieren.

Im März 2022 wurde der aus Afghanistan stammende Amin nach Nürnberg geflogen, um in den Kliniken Dr. Erler operiert zu werden. Bei seiner Ankunft in der Notaufnahme wies der Junge sehr schwere Verletzungen am rechten Unterschenkel auf. An dem voroperierten Bein fehlte ein langes Stück Schienbeinknochen sowie Teile der Muskulatur, der Blutgefäße und der Nerven, die ihm Ärzte bei dem Versuch, das Bein zu retten, bereits in Afghanistan hatten entnehmen müssen.

Nach der Beurteilung der prekären Blutversorgungssituation durch Prof. Dr. Markus Kleemann, Chefarzt der Klinik

für Viszeral- und Gefäßchirurgie, setzten die Operateure alles daran, Amins Bein zu erhalten. »Im Rahmen einer minimal-invasiven Operation konnten die Funktion des Fußes und sein Gangbild deutlich verbessert werden. Für die nächsten Monate trägt Amin nun eine speziell angepasste Orthese. Die Schiene korrigiert schrittweise die verbliebene Fehlstellung und stellt langfristig seine Beweglichkeit wieder her«, fasst Prof. Dr. Biber den Eingriff zusammen.

Während seines fünfwöchigen Klinikaufenthalts kümmerten sich neben dem Pflegeteam auch ehrenamtliche Mitarbeiterinnen des Friedensdorf um Amin, bevor dieser nach einem weiteren Rehabilitationsaufenthalt in einer Einrichtung des Friedensdorfs nach Afghanistan zurückkehren konnte.

Die beschriebenen Fälle stehen stellvertretend für die vielen anderen Mädchen und Jungen aus Krisengebie

ten, die in den letzten Jahren mit Hilfe der Stiftung in den Kliniken Dr. Erler operiert und gepflegt wurden.

25 Jahre nach Gründung hat die Stiftung weit mehr erreicht als nur das Erbe von Dr. Fritz Erler zu erhalten. Mit den DR. ERLER KLINIKEN, der DR. ERLER REHA und den DR. ERLER MVZs, aber auch der Vielzahl an Projekten und Unterstützungsmaßnahmen bildet sie einen grundlegenden Pfeiler der Gesundheitsfürsorge Nürnbergs und weit darüber hinaus. Der Geist Dr. Fritz Erlers, der sich selbst vor allem als Arbeitsarzt im Dienste des Patienten sah, lebt hier fort.

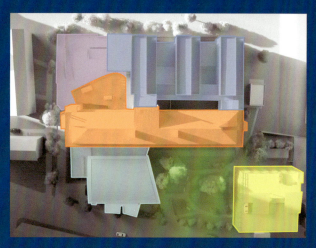

Bauabschnitt 1 A + 1 B

Bauabschnitt 2 A + 2 B

Bauabschnitt 3 A + 3 B

Parkhaus

Patientengarten

Wirtschaftshof

Die Klinik am Kontumazgarten

Sanierung und Neubauten 1993-2013

<!-- side tab -->
SANIERUNG

Zwischen 1995 und 2009 wurden die Erler-Kliniken am Kontumazgarten in drei Bauabschnitten grundlegend saniert und renoviert

Im ersten Bauabschnitt entstand der Neubau Kontumazgarten 14-16 als neuer Eingang, in dem neben der OP-Abteilung und der Notaufnahme auch die Klinikküche und eine Cafeteria untergebracht sind

Im zweiten Bauabschnitt wurden die Pflegestationen im Bettenhaus komplett saniert und als dritter Bauabschnitt ein weiterer Neubau auf der Nordseite in Richtung Park errichtet

▶ Sanierungsbeginn

1992 wurde Günther Schmidt neuer alleinvertretungsberechtigter Geschäftsführer der Kliniken Dr. Erler. Der erfahrene Krankenhausmanager Schmidt hatte über viele Jahre die Verwaltung des Krankenhauses Amberg mit 615 Betten geleitet und löste nun den Übergangs-Geschäftsführer Gerhard Neveling ab. Neveling war nach dem Ausscheiden Dr. Erlers aus Altersgründen von den Berufsgenossenschaften empfohlen worden; er hatte sich bereits im Ruhestand befunden, sich jedoch bereiterklärt, die Klinik vorübergehend zu leiten. Schmidt begann sofort die bereits laufenden Planungen für die längst überfällige Sanierung und den Umbau der Klinik voranzutreiben.

Erste Planungsüberlegungen hatten die Architekten noch mit dem Gründer und Stifter Dr. Fritz Erler diskutiert und bereits in den Jahren 1988 bis 1991 intensiv an der Zielplanung gearbeitet, Varianten erarbeitet und diese mit dem zuständigen Ministerium abgestimmt. Umbau und Sanierung sollten bei laufendem Krankenhausbetrieb in drei Bauabschnitten realisiert werden – wobei man in Kauf nahm, dass die Klinik über lange Zeit hinweg eine Dauerbaustelle sein würde. Im ersten Bauabschnitt sollten der Neubau des Untersuchungs- und Behandlungstrakts, die Operationssäle und die Küche errichtet werden. Der zweite Bauabschnitt sah den Umbau und die Sanierung des vorhandenen Bettenhauses vor, der dritte Bauabschnitt den Neubau der Verwaltung, des klinischen Arztdienstes und der physikalischen Therapie, der Ver- und Entsorgung sowie den Bau weiterer Operationssäle. Diese beiden Bauabschnitte mussten nochmals in Unterabschnitte gegliedert werden, um die Funktionsfähigkeit des Krankenhausbetriebes aufrechtzuerhalten.

1993 konnten nach schwierigen Verhandlungen die bestehenden Altverträge von den Architekten und Projektsteuerern an die Förderrichtlinien des Freistaates Bayern angepasst werden. Außerdem gelang es im Dezember des Jahres, das bayerische Sozial- und Familienministerium vorweg auf eine Übernahme der Kosten für den ersten Bauabschnitt der Generalsanierung festzulegen und die Maßnahme mit einem Kostenvolumen von 46,5 Millionen DM in das Jahreskrankenhausprogramm 1995 aufzunehmen.

Nach der Fertigstellung des Klinikums Süd und dem Auszug der 4. Medizinischen Klinik mit ihren 242 Betten im März 1994 stand der Sanierung endgültig nichts mehr im Wege. Das Klinikum Nürnberg hatte sich in einem Vertrag mit Dr. Fritz Erler aus den 1980er Jahren verpflichtet, die von ihr genutzten Zimmer nach dem Auszug zurückzubauen und zu renovieren. Ebenfalls 1994 wurde die geförderte und im Krankenhausplan des Freistaates Bayern festgelegte Bettenzahl der Kliniken Dr. Erler von bisher 235 auf 244 erhöht. Für diese nur unwesentlich erhöhte Bettenzahl stand nun jedoch ein doppelt so großes Raumangebot zur Verfügung. Im November 1994 konnte daher die bis dahin in der Fürther Straße 6

untergebrachte Septische Abteilung in das Haupthaus am Kontumazgarten integriert werden. Nach der Renovierung mehrerer Stationen in der Folgezeit gelang es, die Pflegesituation noch vor Beginn der eigentlichen Baumaßnahmen zu verbessern.

Am 21. November 1995 gab der damalige bayerische Innenminister Günther Beckstein mit einem symbolischen Spatenstich den Startschuss für den ersten Bauabschnitt, den Neubau Kontumazgarten 14-16. Um den Krankenhausbetrieb aufrechterhalten zu können und die Beeinträchtigung der Patienten zu minimieren, war beschlossen worden, die Sanierung in mehrere Bauabschnitte aufzuteilen. Bestandteil des ersten Bauabschnitts war auch ein Parkhaus mit 217 Stellplätzen, das als Stahlkonstruktion mit sechs offenen Parkdecks auf dem Grundstück neben dem Verwaltungsgebäude Kontumazgarten 4 ausgeführt wurde. Die Rohbauarbeiten für den gesamten ersten Bauabschnitt waren nach europaweiter Ausschreibung an ein Ingolstädter Bauunternehmen vergeben worden. Bereits ein Jahr später, am

Cafeteria auf der Terrasse, Haupteingang und Küche

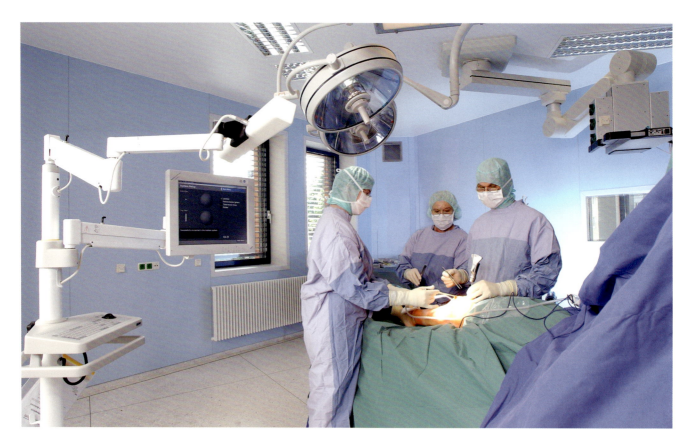

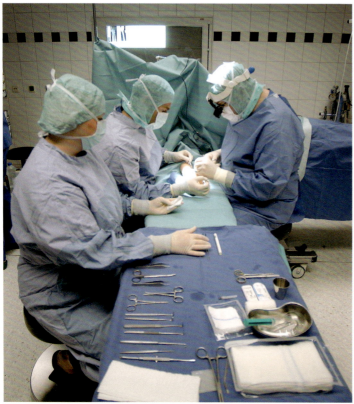

15. November 1996, konnte das Richtfest gefeiert werden. Neben der Arbeit am Neubau erfolgte die Sanierung der Pflegestationen im Ostflügel. Die Ambulanz für Hand- und Plastische Chirurgie, die im Haus Kontumazgarten 4 ausgegliedert gewesen war, wurde 1996 wieder in das Haupthaus zurückverlagert.

Die sich trotz der zugesagten Finanzierung über das Krankenhausprogramm des Freistaates Bayern ergebende Zwischenfinanzierungslücke konnte dank eines zinsgünstigen Kredites durch die Berufsgenossenschaften geschlossen werden. Das nur zum Teil förderfähige Parkhaus musste hingegen, wie eine Reihe anderer Investitionen, aus Eigenmitteln der Kliniken Dr. Erler finanziert werden. Hierfür wurden unbebaute Grundstücksreserven in Ellingen, Allersberg, Weidensees und Stierberg, die noch Dr. Fritz Erler erworben hatte, verkauft.

Fertigstellung erster Bauabschnitt

Am 15. November 1998 konnte mit dem ersten Bauabschnitt nach zweijähriger Bauzeit der teuerste und schwierigste Bauteil der Gesamtbaumaßnahme in Betrieb genommen werden: Herzstück des 3.000 qm großen Neubaus, der zur Straße Kontumazgarten errichtet wurde, war die neue Operationsabteilung mit sechs Operationssälen. Aber auch der neue Eingangsbereich mit Information, die Notaufnahme, die Großküche und eine Cafeteria wurden hier untergebracht. Ebenfalls im neuen Funktionsbau integriert waren mit einem Computer- und einem Kernspintomograph zwei sowohl für die Orthopädie als auch für die Unfallchirurgie wichtige bildgebende Groß-

geräte, welche die Radiologische Praxis Dres. Lindner betrieb.

Ein halbes Jahr später, im April 1999, erfolgte in Anwesenheit der bayerischen Sozialministerin Barbara Stamm die feierliche Einweihung. Die Gesamtinvestitionen von knapp 50 Millionen DM wurden in voller Höhe über das Krankenhausfinanzierungsgesetz gefördert.

Sanierung des Bettengebäudes

Die nächsten beiden Bauabschnitte im Rahmen der grundlegenden Sanierung und Neugestaltung der Kliniken Dr. Erler wurden jeweils in zwei Teilbereiche untergliedert, um die Klinik auch weiterhin bei laufendem Betrieb umbauen zu können. So wurden in den Abschnitten 2 A und 2 B bis 2001 der West- und dann, bis 2004, der Ostflügel des Bettenhauses saniert. Der geschossweise Umbau des Bettenhauses bei laufendem Krankenhausbetrieb fand von oben nach unten statt. Zwischen den noch in Betrieb befindlichen Pflegebereichen und dem zu sanierenden Geschoss blieb jeweils ein »Puffergeschoss« von der Nutzung freigehalten. Hier erfolgte der Umbau der haustechnischen Medien. Trotz der Beeinträchtigung des Baufortschritts bei Abschnitt 2 B durch eine Reihe von In-

solvenzen verschiedener Gewerke konnten bereits im Herbst/Winter 2002 sukzessive die Ebenen 4 bis 7 in Betrieb genommen werden. Zu diesem Zeitpunkt gab es lediglich noch eine nicht sanierte Normalstation mit 29 Betten sowie die Intensiveinheit mit acht Bettplätzen; beide befanden sich noch im Nordflügel, der

später im Zuge des Bauabschnitts 3 B abgebrochen wurde. Das nicht sanierungsfähige Dachgeschoss wurde abgetragen und stattdessen ein neues Staffelgeschoss errichtet.

Sämtliche Patientenzimmer waren nun mit einer gesonderten Nasszelle mit Dusche, Waschzone und WC ausgestattet, die als vorfabrizierte, elementare Bauteile geliefert und vor Ort zusammengebaut wurden. Jeder Bettplatz verfügte über ein eigenes Fernsehgerät; außerdem wurde deutschlandweit erstmalig ein multimediales Kommunikationssystem installiert, das alle Wege in einem Medium, einem Lichtwellenleiter, bündelte. Alle Patienten hatten darüber hinaus Internetzugang. Die Dreibettzimmer orientierten sich mit vorgelagerten Loggien nach Süden auf den neu gestalteten Patientengarten. Die Ein- und Zweibettzimmer befanden sich nun auf der zum Kontumazgarten gelegenen ruhigen Nordseite. Zudem wurden zehn

Einweihung des Bauabschnitts 3 A und Grund-
steinlegung für den letzten Abschnitt 3 B:
Architekt Peter Reiter, Vorstandsvorsitzender
der Dr. Fritz Erler Stiftung Edmund Bayer,
Architekt Ulrich Krampe, Geschäftsführer der
Kliniken Dr. Erler Günther Schmidt (von links
nach rechts), Fotografie 29. Juli 2004

Richtfest für den Bauschnitt 3 A, Fotografie 12.
Oktober 2005

neue Intensivpflegeplätze im ersten
Obergeschoss des Osttraktes eingerichtet.

Abbruch und Neubau des Nordflügels

Nach gründlicher Prüfung entschied
sich die Klinikleitung gemeinsam mit den
Architekten im Jahr 2003 auch aus wirtschaftlichen Gründen für den Abbruch
des aus den 1960er Jahren stammenden
Nordflügels und des Werkstattgebäudes.
Stattdessen sollte in einem dritten Bauabschnitt in Richtung Park und Pegnitz
ein aus drei Fingern bestehender Neubau
errichtet werden. Dessen Grundsteinle-
gung erfolgte am 29. April 2004. Die alten Gebäude wurden in den folgenden
Monaten abgebrochen, die Rohbauarbeiten am Bauabschnitt 3 A konnten im
Spätherbst 2004 beginnen.

Das Richtfest für den vorletzten Bauabschnitt wurde im Oktober 2005 gefeiert. In diesem Abschnitt entstanden für
14 Millionen Euro Räume für die physikalische Therapie mit Bewegungsbad, ein
Labor, ein Verwaltungstrakt, eine neue
Kapelle sowie ein Endoskopie-Bereich.

Als dritter Bauabschnitt wurde ein Neubau mit drei Gebäudeteilen nach Norden Richtung Park errichtet, Ansicht von Nordwesten

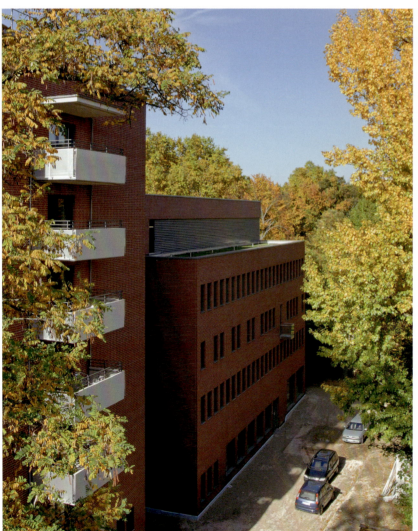

Der Freistaat bezuschusste das Projekt mit insgesamt zwölf Millionen Euro. Man wollte »weg von Krankenhaus-Image und hin zum Wohlfühl-Ambiente«, meinte der Geschäftsführer der Kliniken Dr. Erler, Günther Schmidt. Gerade in der physikalischen Therapie sollten auch Wellness-Gedanken umgesetzt werden.

Anlässlich des Richtfestes des letzten Neubauabschnitts 3 B im September 2008 betonte der damalige Vorsitzende der Dr. Erler Stiftung, Edmund Bayer: »Wir stellen damit die chirurgische und orthopädische Versorgung der Menschen aus der ganzen Region sicher.«

Ärztliche Kontinuität

Trotz der Turbulenzen in den letzten Lebensjahren Dr. Fritz Erlers und einer 14-jährigen Sanierungs- und Bauphase, waren und sind die Kliniken Dr. Erler durch eine hohe Kontinuität im Bereich der Klinikleitungen geprägt. Dennoch gab es aus Altersgründen auch hier personelle Wechsel. So ging mit der Nachfolge von Dr. Christhild Wulle, der Begründerin und langjährigen Leiterin der Handchirurgischen Abteilung und stell-

Lichthof bei Nacht, Krankenhauskapelle,
Schwimmbad für Bewegungstherapie

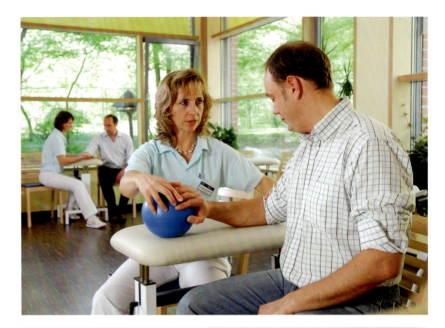

vertretenden Klinikdirektorin, durch Privatdozent Dr. Peter Schaller im Jahr 2000 eine Epoche zu Ende. Im Juli 2007 wurde Dr. Klaus-Dieter Haselhuhn vom Stiftungsrat zum neuen Ärztlichen Direktor ernannt; er trat die Nachfolge von Prof. Dr. Thomas Stuhler an, der dieses Amt aus Altersgründen abgab. Haselhuhn war bereits seit 1992 als Oberarzt in der Unfallchirurgie der Klinik tätig und hatte 2001 die Chefarztposition übernommen. Er wollte in seiner neuen Funktion als Ärztlicher Direktor die »Positionierung der Erler-Klinik als Kompetenzzentrum für Orthopädie und Chirurgie im Herzen Nürnbergs stärken«, betonte er in einer Presseerklärung.

Medizinischer und technischer Fortschritt

Seit Anfang Oktober 2007 verfügte die Erler-Klinik über eine neue Fachdisziplin: die Klinik für Konservative und Operative Wirbelsäulentherapie. Patienten mit allen Arten von Rückenleiden fanden damit endlich im Großraum Nürnberg eine spezialisierte Anlaufstelle.

Rückenschmerzen sind ein weit verbreitetes Leiden, das etwa 70 bis 80 Prozent der Menschen im Laufe ihres Lebens betrifft. Eine alternde Bevölkerung mit mehr degenerativen Wirbelsäulenveränderungen sowie Sport- und Arbeitsunfälle erfordern spezielle Therapiemöglichkeiten. Daneben sind eine große Anzahl von Verkrümmungen der Wirbelsäule (Skoliosen, Kyphosen) behandlungspflichtig.

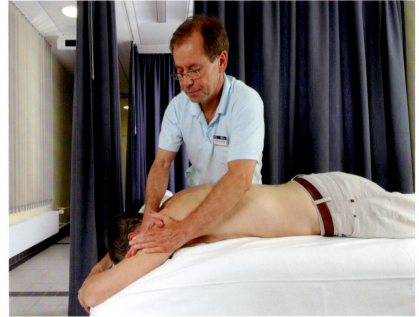

Mit der Gründung einer eigenen Abteilung für Konservative und Operative Wirbelsäulentherapie wurde die Erler-Klinik dieser gesellschaftlichen und medizinischen Entwicklung gerecht. Wie notwendig ein solches Angebot war, zeigte die enorme Resonanz. Mit einem Erfolg der neuen Fachabteilung hatten die Klinik-Verantwortlichen zwar gerechnet, wurden dann aber von dem tatsächlichen Ansturm überrascht. Bereits im ersten Jahr ihres Bestehens 2008 behandelte die neue Klinik für Wirbelsäulentherapie weit über 1.000 Patienten stationär.

Nach umfangreichen finanziellen Investitionen in minimal-invasive Wirbel-

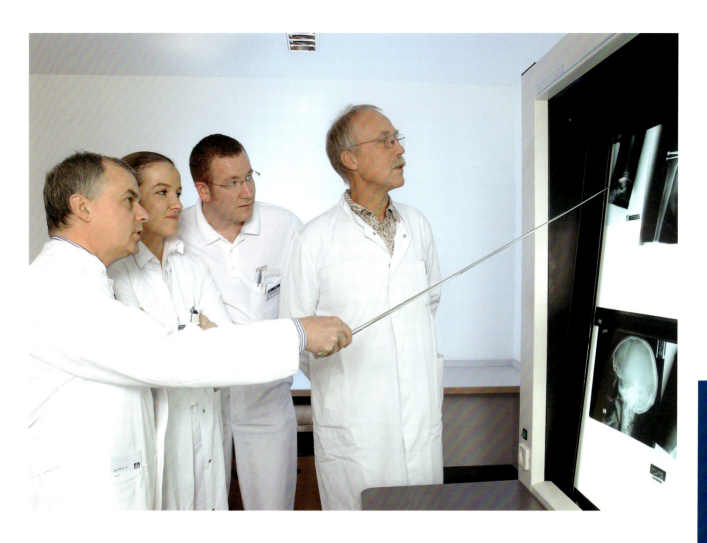

säulensysteme für die Bandscheibenchirurgie, Computernavigation, intraoperative CT mit 3D-Bildwandler oder spinales Neuromonitoring waren nun alle großen Eingriffe an der Lenden- bis hin zur Halswirbelsäule durchführbar.

Für die neue Fachabteilung konnte mit Privatdozent Dr. Bertram Böhm ein Chefarzt gewonnen werden, der als Kapazität auf dem Gebiet der Wirbelsäulentherapie einen guten nationalen und internationalen Ruf genoss. »Dr. Böhm ist unser absoluter Wunschkandidat. Mit der Subspezialisierung Wirbelsäulentherapie weiten wir das Leistungsangebot in der Erler-Klinik auf höchstem medizinischen Qualitätsniveau aus«, kommen-

tierte Günther Schmidt diese Entscheidung. Der Facharzt für Chirurgie, Orthopädie und Unfallchirurgie hatte an der Universitätsklinik Jena und zuletzt fünf Jahre als Oberarzt der Orthopädischen Universitätsklinik in Mainz gewirkt, wo er die Wirbelsäulenchirurgie organisatorisch und fachlich geleitet hatte.

»Meine Pläne für die Arbeit als Leiter der Abteilung für Wirbelsäulentherapie sind zunächst ganz einfach: Ich möchte die Klinik für Konservative und Operative Wirbelsäulentherapie an der Erler-Klinik zu einem leistungsfähigen Wirbelsäulentherapiezentrum ausbauen. Die Grundlage hierfür hat die Klinik durch

notwendige Investitionen gelegt. Die gute Verzahnung und direkte Kommunikation zwischen ambulant und stationär tätigen Kollegen ist dabei eine zentrale Aufgabe. Ich wünsche mir, dass die Mitarbeiter mit Freude und persönlichem Engagement ihre Arbeit machen und wir so gemeinsam unsere Patienten optimal und umfassend versorgen«, fasste Privatdozent Dr. Böhm seine Ziele zusammen.

2008 verzeichneten die Kliniken Dr. Erler mit mehr als 10.000 Eingriffen (ambulante und stationäre Operationen) die höchste Operationsfrequenz ihres Bestehens. Außerdem wurden in diesem Jahr rund 30.000 Patienten in der Unfall-Notaufnahme versorgt.

Leistungsbilanz

Im Jahr 2008 versorgten die Mitarbeiter der Klinken Dr. Erler insgesamt 8.664 stationäre und 34.893 ambulante Patienten. Die Zahl aller behandelten Fälle betrug im gleichen Jahr 8.541 und stieg damit gegenüber den Vorjahren um knapp zehn Prozent an. Dabei zählte ein Patient, der innerhalb bestimmter Fristen mehrmals aufgrund derselben Diagnose in der Klinik behandelt wurde, nur als ein Fall. Die meisten stationären Fälle verzeichnete 2008 mit 2.871 die Unfallchirurgie, gefolgt von der Orthopädischen Klinik mit 2.122, der Wirbelsäulentherapie mit 1.180, der Klinik für Allgemein- und Viszeralchirurgie mit 1.036, der Hand- und Plastischen Chirurgie mit 883 und den Belegärzten Orthopädie mit 254.

Die Verweildauer sank seit dem Jahr 2006 mit durchschnittlich 8,6 Tage kontinuierlich auf 7,61 Tage im Jahr 2008. Knapp vier Fünftel der stationären Patienten waren über 45 Jahre alt. Gut 60 Prozent aller Patienten kamen aus Nürnberg.

Qualität durch Zertifizierung

Seit 2005 war es gesetzlich vorgeschrieben, dass alle Krankenhäuser ein internes Qualitätsmanagement vorweisen können, die Zertifizierung selbst war jedoch freiwillig. Bundesweit unterwarfen sich nur zehn Prozent aller Kliniken dieser strengen Zertifizierung. Die Kliniken Dr. Erler unterzogen sich bewusst dieser Kontrolle und erhielten noch im Jahr 2005 das Qualitätsmanagement-

Zertifikat der Gesellschaft »Kooperation für Transparenz und Qualität im Gesundheitswesen« (KTQ). Hinter der Zertifizierungsorganisation stehen unter anderem die Bundesärztekammer, die deutsche Krankenhausgesellschaft, der Hartmannbund, die Spitzenverbände der gesetzlichen Krankenkassen sowie der Deutsche Pflegerat.

Verschiedene Klinikbereiche mit insgesamt 400 Mitarbeitern waren in den Zertifizierungsprozess miteingebunden. Ziel war es, Arbeitsabläufe innerhalb der Klinik zu dokumentieren und gegebenenfalls zu verbessern. In einem ersten Teil bewertete die Klinik sich selbst, dann kamen die KTQ-Visitoren – externe Führungskräfte aus dem ärztlichen und

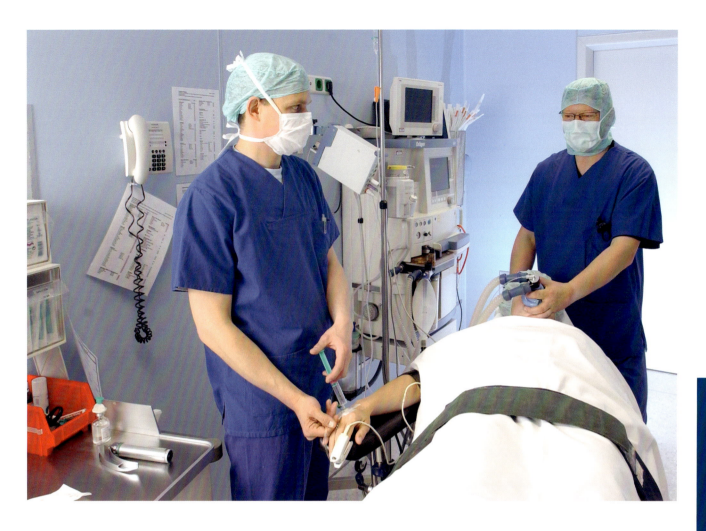

pflegerischen Bereich sowie aus dem Management – drei Tage ins Haus und hinterfragten die Selbsteinschätzung. Profitieren sollte (und soll) in erster Linie der Patient, der sich auf »Qualität mit Brief und Siegel« verlassen darf. Geschäftsführer Günter Schmidt unterstrich das Interesse der Kliniken Dr. Erler: »Mit der Zertifizierung ist ein Gutachten verbunden, das uns aufzeigt, wo wir noch nachbessern können.« Durch die genaue Untersuchung der Arbeitsabläufe, vor allem zwischen den Nahtstellen, konnten bereits bei der Selbsteinschätzung Knackpunkte entdeckt und angegangen werden. Im Bereich der Patientenaufnahme wurde der Empfangsbereich ansprechender gestaltet. Eine weitere Änderung war

etwa, dass Patienten gestaffelt einbestellt wurden und so Wartezeiten vermieden werden konnten.

Im November 2008 wurden die Kliniken Dr. Erler zum zweiten Mal mit dem Qualitätssiegel KTQ ausgezeichnet. Sie waren damit das erste Nürnberger Krankenhaus, welches die Re-Zertifizierung schaffte und in einigen Bereichen besonders gut abschnitt. Bei der Prüfung wurden nicht nur die medizinische und pflegerische Versorgung, sondern die gesamte Krankenhausverwaltung und der technische Bereich unter die Lupe genommen. Geschäftsführer Günther Schmidt war überzeugt, dass die Optimierung der Abläufe auch die Wirtschaftlichkeit des Hauses steigert.

Positives Feedback

Immer wieder bekamen die Kliniken Dr. Erler positive Rückmeldungen über ihre Arbeit. Bei einer hausinternen Befragung von 1.414 Patienten im Jahr 2002 gaben 95 Prozent von ihnen an, dass sie die Klinik weiterempfehlen würden. Die Frage nach dem fachlichen Können der Ärzte antworteten 91,4 Prozent der Befragten mit ausgezeichnet beziehungsweise sehr gut. Über 90 Prozent der Kranken, die mit den sogenannte Funktionsdiensten – Röntgen, OP, Krankengymnastik – zu tun hatten, stuften die Betreuung als sehr gut und gut ein. Wichtigster Kritikpunkt der Befragten war, dass etwa zwei Drittel der Patienten erst einen Tag vorher über ihre Entlassung informiert

men: »Immer freundlich und gute Beratung bei der Essensauswahl«.

Punkten konnte auch die Öffentlichkeitsarbeit der Klinken Dr. Erler mit ihrer übersichtlichen, informativen und klar strukturierten Website. Im Jahr 2008 wurde diese im Wettbewerb »Deutschlands beste Klinik-Website« unter 334 Teilnehmern von einer anspruchsvollen Jury auf Platz 4 gewählt; in Bayern war sie damit die Nummer 1.

Abschluss Generalsanierung und Geschäftsführerwechsel

Nach 14 Jahren mit einer Dauerbaustelle konnte im Jahr 2009 die umfassende Erweiterung und Generalsanierung vorerst abgeschlossen werden. Im Jahr darauf wechselte Günther Schmidt nach 18-jähriger Tätigkeit als Geschäftsführer in den Stiftungsrat der Dr. Fritz Erler Stiftung und übergab sein Amt an Markus Stark. Dieser übernahm eine Klinik, in der jährlich 9.565 stationäre und 37.860 ambulante Patienten behandelt wurden. Die Verweildauer der Patienten war allein in den letzten fünf Jahren um etwas mehr als einen Tag auf nun 7,17 Ta-

worden seien. Geschäftsführer Günther Schmidt äußerte sich hierzu gegenüber der Presse bescheiden: »Die Ergebnisse zeigen, dass wir auf dem richtigen Weg sind.«

Auch für die Verpflegung erhielt die Klinik gute Noten. Die in der eigenen Großküche zubereiteten Essen konnten überzeugen. Die Patienten hatten die Wahl zwischen vier verschiedenen Menüs, darunter ein vegetarisches Gericht. Beim Frühstück bestand die Wahl zwischen verschiedenen Brotsorten, Getränken und Zulagen wie Wurst, Käse und Marmelade sowie Obst, Müsli und

Joghurt. Eine Überprüfung der Patientenzufriedenheit im Jahr 2005 mit dem Thema »Service und Qualität der Speisenversorgung« war sehr positiv. Dieselbe Umfrage wurde ein Jahr später noch einmal durchgeführt, das Vorjahresresultat konnte mit der Durchschnittsnote 1,73 sogar noch verbessert werden. Dies war eine Bestätigung der Klinikphilosophie, die gesundes und schmackhaftes Essen im Hinblick auf die Genesung für sehr wichtig erachtet. Großes Lob bekamen auch die »Verpflegungshostessen«, die die individuellen Essenswünsche mit einem mobilen Erfassungsgerät aufnah-

Die Feier zum
50-jährigen Jubiläum
der DR. ERLER KLINIKEN
im Jahr 2013

ge gesunken. Gut ein Drittel der Patienten war zwischen 45 und 64 Jahren alt, die Mehrzahl der stationär behandelten Patienten stammte aus Nürnberg. Ende 2010 wurde als Neuerung ein ehrenamtlicher Patientendienst aufgebaut, der seit März 2011 im Regelbetrieb lief. 2011 erfolgte auch die zweite Re-Zertifizierung durch die Gesellschaft »Kooperation für Transparenz und Qualität im Gesundheitswesen« (KTQ). Als erste und einzige Nürnberger Klinik erhielt »die Erler« das TÜV-Zertifikat »Akutschmerztherapie«, das fachübergreifend für das gesamte Krankenhaus verliehen wird.

50-jähriges Jubiläum 2013

Das Jahr 2013 brachte gleich mehrere Höhepunkte im Klinik-Jahreslauf: Bereits Anfang des Jahres eröffnete das neue Reha-Zentrum, das mit einer Fußgängerbrücke über die Straße Kontumazgarten an das Akuthaus angebunden ist. Zusammen mit der Klinik für Konservative und Operative Wirbelsäulentherapie etablierte das Reha-Zentrum gleich im Eröffnungsjahr ein Rückentherapiezentrum. Die wegweisende Eröffnung fiel in das Jubiläumsjahr des 50-jährigen Bestehens der DR. ERLER KLINIKEN, das

zudem mit einem Tag der offenen Tür für die Bevölkerung am 4. Mai gefeiert wurde. Eine Patientenbefragung mit einem Rücklauf von 8.500 sogenannten Echokarten brachte zudem ein äußerst erfreuliches Ergebnis: 92 Prozent der Patientinnen und Patienten waren mit der medizinischen Behandlung und 89 Prozent mit der Betreuung durch das Pflegepersonal zufrieden. Und sogar 98 Prozent der Befragten kreuzten an, dass sie die Kliniken Dr. Erler weiterempfehlen würden.

»Operieren ist das Salz in der Suppe – deswegen habe ich den Beruf gemacht«

»Für mich als Nicht-Nürnberger war die damalige, noch deutlich kleinere Erler-Klinik mit ihrer Dependance in der Fürther Straße eine Art gallisches Dorf. Mich hat damals sehr beeindruckt, wie alle zusammengehalten haben. Das gelang auch deshalb, weil wir sehr überschaubar waren und es für Planungen und Entwicklung relativ kurze Wege gab. Ideen verwässerten nicht so leicht, da sie nicht den langen bürokratischen Weg gehen mussten.

Mein damaliger Chef Dr. Heinz Brebeck musste vom OP-Tisch abtreten, wenn Dr. Fritz Erler ihn gerufen hatte, das hat mich damals schon sehr beeindruckt.

Dr. Fritz Erler war eine sehr dominante und auch schwierige Persönlichkeit: Ich hatte ihn in seinen späten Jahren als Patient bei mir auf Station und suchte zu diesem Zeitpunkt eine Wohnung. Ich besichtigte damals eine Wohnung in St. Johannis, da ich näher an der Klinik leben wollte. Die Wohnung gehörte zufällig einer weitläufigen Verwandtschaft von Dr. Erler, was am Anfang ja ganz positiv klang. Ich bekam die Wohnung dann jedoch nicht.

Bloß kein Halskettchen mit Äskulapstab

Oder ich erinnere mich an eine andere Begebenheit: Ich trug damals ein goldenes Halskettchen mit Äskulapstab und

Dr. med. Klaus-Dieter Haselhuhn war von 1984 bis 1987 als Assistenzarzt in der Erler-Klinik und anschließend für drei Jahre im Theresienkrankenhaus tätig, um den Facharzt zu komplettieren. Von 1990 bis 2001 arbeitete er als Oberarzt in der Unfallchirurgie und ab 2001 als Chefarzt der Klinik für Unfallchirurgie. Von 2007 bis zu seinem Ruhestand Ende September 2018 fungierte er zudem als Ärztlicher Direktor der Erler-Klinik

In den 1980er Jahren

2005

einen Schnurrbart. Dr. Erler sprach dann eines Tages meinen Chef Dr. Brebeck an, dass er da einen Assistenten hätte und ihm weder Halskettchen noch Schnauzer gefielen. Dr. Brebeck stand aber zu mir.

Entscheidend aber war, dass die Erler-Klinik extrem kurze Wege zwischen Verwaltungs-, ärztlicher und Pflegedienstleitung hatte. Das war »gelebte Gmbh-Mentalität«, wir mussten ja schwarze Zahlen schreiben. Wir hatten einen viel niedrigeren Pflegesatz bei gleichen Leistungen wie das Klinikum Nürnberg und hatten es dadurch viel schwerer, schwarze Zahlen zu schreiben.

Wir haben alle das Sparen gelernt

Pflegesätze wurden damals mit den einzelnen Kliniken individuell verhandelt. Wir hatten bei gleicher Leistung für die gleiche OP teilweise ein Viertel weniger. Das hat dazu geführt, dass wir alle das Sparen lernen mussten, um Leistung auf hohem Niveau anbieten zu können. Wir waren also eine Klinik, die immer auf schlanke Prozesse angewiesen war. Die Stiftung hatte uns da nicht subventioniert, sondern wir mussten im Tagesgeschäft wirtschaftlich arbeiten und schonend mit den Ressourcen umgehen. Die-

ser Gedanke wurde in allen Etagen mitgetragen.

Viele Umstellungen hin zu mehr Wirtschaftlichkeit, die dann später im Medizinbereich kamen, machten uns dann keine großen Probleme, da wir es gewohnt waren, wirtschaftlich zu arbeiten.

Wir hatten unsere eigenen Prozesse und die dahinterstehenden Kosten schon immer minutiös aufgeschlüsselt, ansonsten hätten wir nicht wirtschaftlich arbeiten können.

Dies galt auch, wenn wir nicht hochwirtschaftliche Fachabteilungen mit dazu nahmen, die aber wichtig waren, um das Gesamtkonzept als Fachversorger zu leben und nach außen zu tragen. Zum Beispiel die Allgemeinchirurgische Abteilung – die mit ziemlicher Sicherheit nicht Dr. Fritz Erlers Ding gewesen wäre, für ihn war es eine Orthopädisch-chirurgische Klinik. Wichtig waren unsere Subspezialisierungen wie z.B. die Handchirurgie und die Plastische Chirurgie. Diese Spezialisierung hat den Ruf als Fachklinik begründet und so werden wir auch in der Bevölkerung wahrgenommen. Das gilt auch für unseren damaligen Status als Sonderstation der Berufsgenossenschaften – jetzt VAV-Haus.

Operieren ist das Salz in der Suppe – deswegen habe ich den Beruf gemacht

Ich habe schon immer viel operiert, weil mir das Freude gemacht hat. Ich habe mich mit einer enormen Anzahl an Operationen zum Facharzt beworben. Bis zum Schluss habe ich 800 Operationen im Jahr selbst gemacht, neben allen anderen Verwaltungstätigkeiten, bei einer Gesamtzahl von jährlich rund 3.200 OPs in unserem Bereich.

Wir waren gut organisiert, das habe ich gelernt, es gab meist gute Stimmung, meine Mitarbeiterinnen und Mitarbeiter

sind gerne geblieben und haben auch eine vernünftige Ausbildung erhalten. Wenn das Team stimmt, wird der Stress geringer. Arbeit gibt es sowieso viel. Wir hatten jeden Tag um 7 Uhr Morgenbesprechung mit allen Abteilungen, da wurde dann besprochen, welche Fälle nachts noch hinzugekommen waren und oft das geplante OP-Programm völlig durcheinanderwirbelten. Man musste mit einer proaktiven Einstellung rangehen: Wir haben einiges zu tun. Mal sehen, wie wir das vernünftig lösen. Ich komme noch aus einer Zeit, in der 36-Stunden-Schichten in der sechsjährigen Facharztausbildung normales Arbeiten war.

Der visionäre Geist von Dr. Fritz Erler ist geblieben

Dr. Fritz Erler hatte ja eine Vision, sonst machst du so etwas nicht. Zum Beispiel war allein schon die Septische Station in der Fürther Straße wegweisend und ihrer Zeit voraus. Der visionäre Geist ist bis heute geblieben, zum Beispiel mit dem neuen Hybrid-OP oder mit der Aufnahme von Robotik in den OP mit dem Kalkül, dass es finanzierbar bleiben muss und dem Gesamtkonzept der optimalen Patientenversorgung dient.«

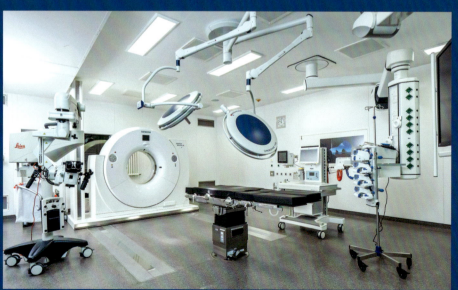

Die Klinik am Kontumazgarten

2013-2022

Die Überbauung des Wirtschaftshofes am Kontumazgarten ermöglichte die Einrichtung von zwei neuen Operationssälen, darunter ein Hybrid-OP

Mit 850 implantierten Knie-Endoprothesen und über 1.000 Hüft-Endoprothesen gehörten die Kliniken Dr. Erler 2020 zu den deutschlandweit führenden Kliniken

▶ **Wer aufhört, besser sein zu wollen ...**

»Wer aufhört, besser sein zu wollen, hört auf, gut zu sein.« Diese Haltung ist Teil des Leitbildes der DR. ERLER KLINIKEN und steht für die tägliche Motivation der Beschäftigten, die den »Motor Erler« am Laufen halten. Die Kliniken Dr. Erler gGmbH entwickelten auch in den 2010er Jahren unter der Geschäftsführung von Markus Stark ihre Strukturen und Ressourcen stetig weiter.

So fiel im Herbst 2017 der Startschuss für ein weiteres großes Bauvorhaben mit einem Volumen von über 20 Millionen Euro, das 2022 abgeschlossen wurde. Mit den zwei neu errichteten Operationssälen, darunter einem Hybrid-OP mit medizinischer Bildgebung speziell für minimalinvasive Eingriffe, sowie einer neuen Zentralen Sterilgut-Versorgungsabteilung und einer neuen Aufwachstation mit zwölf Betten konnten die Abläufe im Haus noch effektiver gestaltet werden. Zudem war es die Antwort der Klinik auf steigende Patientenzahlen.

Im Jahrzehnt 2013 bis 2022 gehörten die Kliniken Dr. Erler beständig zu den am besten bewerteten Kliniken Bayerns, die Klinik für Orthopädie zählte sogar deutschlandweit zu den Top-Fachkliniken. 2022 kam die »Erler Orthopädie« unter der Leitung von Chefarzt Priv.-Doz. Dr. Jens Anders im Bereich der Knie-Implantation in der Region auf Platz 1

Die Krankenhausbetriebsleitung im Jahr 2022 v.l.n.r: Birgit Bachhuber (Pflegedienstleitung), Markus Stark (Geschäftsführung), Cristina Della Sala-Möhrlein (Klinikmanagement), Priv.-Doz. Dr. med. Jens Anders (Ärztlicher Direktor) und Saba Dedjban (Kaufmännische Leitung)

und im bundesweiten Vergleich mit 323 Kliniken auf Platz 4. Mit 850 Knie-Implantationen war die Erler-Klinik 2020 zudem unter den 15 Kliniken mit den meisten derartigen Operationen in Deutschland. Für höchstmögliche Patientensicherheit erfolgt seit 2013 jährlich die Überprüfung der Operationsergeb-

nisse durch die externen Gutachter des unabhängigen EndoCert-Verfahrens. Die Daten werden regelmäßig veröffentlicht und sind öffentlich zugänglich. Die Komplikationsrate ist bei den Kliniken Dr. Erler mit 0,3 Prozent äußerst gering, üblicherweise liegt sie im Durchschnitt bei 3 bis 5 Prozent.

Tag der offenen Tür

Nach dem Erfolg des ersten Tags der offenen Tür wurde dieser in den Jahren 2015 und 2017 wiederholt. Jeweils etwa 1.500 Besucherinnen und Besucher folgten der Einladung, bei laufendem Betrieb einen Blick hinter die Kulissen der Klini-

Erweiterungsbauten am Kontumazgarten

Der Konferenzraum mit Parkblick im 4. Obergeschoss

2017 konnten über 1500 Interessierte beim Tag der offenen Tür einen Blick hinter die Kulissen im Krankenhaus werfen

ken zu werfen oder einem der Vorträge zu aktuellen medizinischen Themen wie Hüftgelenkserkrankungen oder Gelenkverschleiß an der Hand zu lauschen. Auch die vielen Mitmachangebote wie zum Beispiel Übungen in der Physiotherapie, Schnupper-Sportgruppen im Reha-Zentrum oder die Benutzung eines Simulators, mit dem Besucher endoskopisch operieren konnten, standen hoch im Kurs.

Ebenfalls offen für die interessierte Bevölkerung steht die kostenlose Vortragsreihe »Gesundheit aktuell – Vorlesungen für jedermann«, bei der Ärzte der Erler-Klinik monatlich zu aktuellen Fragestellungen aus ihrem Fachgebiet referieren. Die erfolgreiche Reihe ging 2018 bereits in ihr zehntes Jahr. Im Zuge der Corona-Pandemie wurden Online- und Hybrid-Formate etabliert.

Terrasse des Café Erler

Aufstockung Wahlleistungsstation

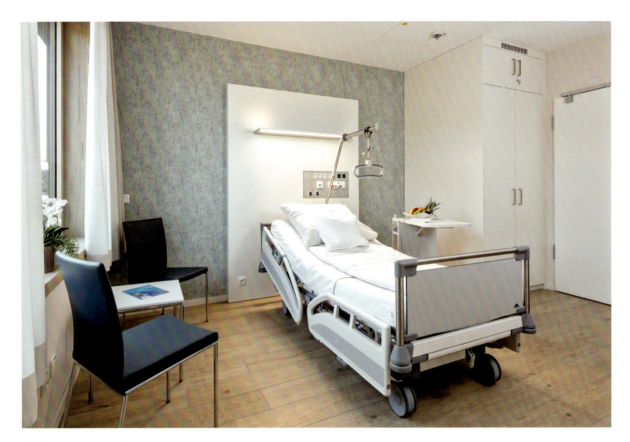

Wahlleistungsstation »Komfort Plus«

Karte zur Verabschiedung von Dr. Klaus-Dieter Haselhuhn

KOMFORT +PLUS

Lounge für Patienten und Besucher

Die Wahlleistungsstation »Komfort Plus«

In einer weiteren Baumaßnahme entstand seit 2018 durch die Aufstockung der zum Kontumazgarten gelegenen Bauflügel D und E die Wahlleistungsstation »Komfort Plus«. Die neue Station mit 18 komfortabel ausgestatteten Einzelzimmern konnte Anfang 2021 eröffnet werden. Die Zimmer bieten je nach Lage einen Panoramablick auf die Nürnberger Burg oder die Parkanlage. Die Station bildet eine organisatorische Einheit mit eigenem Empfang, breiten Fluren und großen Panoramafenstern. Eine großzügige Lounge lädt Patienten und Besucher zum Verweilen auch außerhalb der Zimmer ein.

Generationenwechsel bei den Chefärzten

2018 verabschiedete sich Dr. Klaus-Dieter Haselhuhn nach 17-jähriger Tätigkeit als Chefarzt der Unfallchirurgie in den Ruhestand. 2021 setzte sich der Generationenwechsel bei den langjährigen Chefärzten der Erler-Klinik fort. Dr. Peter Schaller, der Leiter der Klinik für Handchirurgie, Plastisch-Rekonstruktive und Mikrochirurgie ging nach über 20-jähriger Tätigkeit ebenso in den Ruhestand wie Dr. Bernolf Eibl-Eibesfeldt, der auf eine ebensolange Tätigkeit im Haus in der Klinik für Viszeral- und Gefäßchirurgie zurückblicken konnte.

Neuer Fachbereich Innere Medizin

Im Januar 2022 nahm die neu eingerichtete Klinik für Innere Medizin ihren Betrieb auf, nachdem sie bereits 2020 vom Krankenhausplanungsausschuss genehmigt und in den Bayerischen Krankenhausplan aufgenommen worden war. Die neue Klinik wird die orthopädisch-chirurgisch ausgerichteten Kliniken des Hauses bei der medizinischen Versorgung begleiten und unterstützen. Dies ist gerade auch im Hinblick auf den demografischen Wandel von Bedeutung, da immer mehr ältere Patienten mit Vorerkrankungen eine Hüft- oder Knieendoprothese erhalten.

In der Unfallchirurgie ist vor diesem Hintergrund bereits seit 2019 der Bereich Alterstraumatologie angegliedert. Hier werden auf verschiedenen Ebenen Konzepte zur Delirprävention umgesetzt.

Patienten und Personal

Wie bei allen erfolgreichen Kliniken lassen sich auch an den Kliniken Dr. Erler mehrere Entwicklungen nachverfolgen. Während die Zahl der ambulant oder stationär behandelten Patientinnen und Patienten bis zur Corona-Pandemie stetig stieg, sank deren Verweildauer. Von den 244 Klinikbetten stehen gut 150 der Orthopädie und der Unfallchirurgie zur Verfügung sowie gut 50 Betten der Wirbelsäulentherapie, während sich der Rest auf die kleineren Kliniken verteilt. Etwa 750 Mitarbeiter (einschließlich des angegliederten Reha-Zentrums) kümmern sich um die Patienten, wobei die Nachbesetzung der Stellen mit qualifiziertem Personal sich aufgrund des Fachkräftemangels zunehmend schwieriger gestaltet. Ganz eindeutig geht bei vielen Behandlungen der Trend hin zu einer zunehmenden »Ambulantisierung«, dem die Kliniken Dr. Erler auch mit der Einrichtung von klinikeigenen Medizinischen Versorgungszentren (MVZ) begegnen.

Neubau Reha-Zentrum, 2014

DR. ERLER REHA

2013-2022

▶ Jahrzehntelang mussten die Patienten der Klinken Dr. Erler nach einer Operation und dem damit verbundenen Klinikaufenthalt für die anschließende Rehabilitation externe Praxen und Kliniken in Anspruch nehmen. Zwar gab es hier über Jahre gewachsene und etablierte Strukturen, aber dennoch war ein eigenes Rehabilitationszentrum in unmittelbarer Nähe des Akut-Hauses am Kontumazgarten ein langgehegter Wunsch. Überlegungen für ein solches Zentrum gab es bereits seit den 1990er Jahren. Durch dieses Angebot einer wohnortnahen Reha sollte ein Alleinstellungsmerkmal generiert werden. Die Wahl fiel auf ein etwa 2.500 qm großes Eckgrundstück an der Einmündung der Praterstraße in den Kontumazgarten. In dem Geschäftsgebäude aus den 1950er Jahren hatte sich zeitweilig eine Beratungsstelle des Arbeitsamtes befunden, im Erdgeschoss war zuletzt eine Supermarktfiliale eingemietet. Dieser Umstand führte auch nach Bekanntwerden der Neubaupläne zu Diskussionen in der Bevölkerung. Es gab vor allem Sorgen um die Nahversorgung im Stadtteil. Diese Bedenken konnten durch die Kliniken Dr. Erler weitestgehend ausgeräumt werden, auch durch die Zusage, dass eine Bäckerei ins Erdgeschoss des Gebäudes einziehen würde.

Neubau des Reha-Zentrums

Nach dem Abbruch des Vorgängerbaus konnten die Arbeiten an dem neuen Reha-Zentrum Mitte 2011 beginnen. Die Neubauten der späten 1990er Jahre, durch die das Klinikgebäude näher an die Straße herangerückt war, ermöglichten nun eine direkte Verbindung der beiden Gebäude in Form einer gläsernen Brücke. Dies erlaubt heute eine direkte räumliche und therapeutische Verbindung beider Häuser. Der wohl spektakulärste Teil der Arbeiten war das Einbringen der neuen Brücke mit Hilfe eines Spezialkrans im April 2012. Hierdurch

oben rechts: Einbau der Brücke, 2012

Baugrube Reha-Zentrum, 2011

sind nun beide Gebäude auch optisch eng miteinander verbunden. Der gläserne Verbindungsgang verfügt über eine lichte Spannweite von 22 Metern und ist 3,5 Meter breit. Die Durchfahrtshöhe beträgt etwa 6,5 Meter, sodass auch größere Fahrzeuge problemlos unter der Brücke hindurch passen.

Etwa eine Woche nach der Installation der neuen Brücke und nur eineinhalb Jahre nach dem Abbruch der alten Gebäude konnte am 27. April 2012 Richtfest gefeiert werden. Der Geschäftsführer der Kliniken Dr. Erler GgmbH Markus

Stark betonte in seiner Rede, dass es das Ziel des Reha-Zentrums sein werde, den Patienten eine »Behandlung der kurzen Wege« anzubieten. Weiter betonte er: »Medizin der kurzen Wege ist für uns nicht nur ein Schlagwort, sondern die Kombination von akutstationärer Versorgung und Reha-Medizin am gleichen Standort, die nun Wirklichkeit wird.«

Auf vier Etagen verfügt das neue Gebäude über eine Bruttogeschossfläche von etwa 8.700 Quadratmetern. Neben 90 Einzelzimmern entstanden im Zuge des Innenausbaus mehrere hochwertig

ausgestattete Behandlungs- und Funktionsräume, Aufenthaltsräume für die Patienten und das Personal sowie ein großer Speisesaal. Als Trainingsfläche – unterteilt in Einzel-, Gruppen- und Vortragsräume – stehen etwa 800 Quadratmeter zur Verfügung.

Weitere Zahlen des Neubaus sind nicht minder beeindruckend: Für die Errichtung des Rohbaus wurden etwa 5.800 Kubikmeter Beton und 760 Tonnen Betonstahl verbaut. Die Kosten für das Reha-Gebäude einschließlich des Innenausbaus beliefen sich auf etwa 22 Millio-

Eingangsbereich und
Erdgeschosszone des
Neubaus, 2014

Wegweiser im Eingangsbereich
des Rehazentrums, 2013

nen Euro, die von den Kliniken Dr. Erler
als alleinigem Bauherrn selbst getragen
wurden. Die Aufträge für den Neubau
gingen größtenteils an Firmen aus der Region.

Das Gebäude konnte im Frühjahr
2013 seiner Bestimmung übergeben werden. Neben dem Reha-Zentrum befinden
sich im Erdgeschoss die Bäckerei mit an-
geschlossenem Café sowie die Ge-
schäftsräume eines Sanitätshauses.

Rehabilitation und Therapie

Rehakliniken liegen in der Regel weit
vom operierenden Krankenhaus und
vom Wohnort der Patienten entfernt.
Nach dem Einsatz eines künstlichen
Hüft-, Knie oder Schultergelenks sind da-

Die erste Patientin mit Dr. med. Martin Karl, Chefarzt der DR. ERLER REHA (links) und
Markus Stark, Geschäftsführer, 2013

Außenbereich mit Garten, 2014

her normalerweise für die Patienten ein Orts- und damit verbunden ein Arztwechsel nötig. Neben langer Anfahrtswege bedeutet dies dann stets auch zusätzliche Untersuchungen und Formalitäten am neuen Standort. Das Reha-Zentrum am Kontumazgarten hingegen ermöglicht seit 2013 eine direkt an eine Operation anknüpfende und für viele Patienten wohnortnahe Therapie und Behandlung. Getreu dem Motto des Bauherrn und Geschäftsführers Markus Stark »Medizin der kurzen Wege« sind viele Patienten vor ihrer Überweisung in das Reha-Zentrum im Akut-Haus operiert worden. Eine solche Verbindung von Akut-Medizin und Reha-Medizin an einem Standort ist in Nürnberg bisher einmalig. Die Kliniken Dr. Erler können so alle nötigen Behandlungen und Therapien aus einer Hand bieten. Der Chefarzt des neuen Reha-Zentrums, Dr. Martin Karl, sah dies 2013 auch aus Sicht der Patienten und der Kostenträger als »den richtigen Schritt in die Zukunft«. Das Ziel sei ein »sektorübergreifendes Behandlungskonzept ohne Unterbrechung«.

Die letzten Jahre haben gezeigt, wie groß der Bedarf für ein solches Zentrum ist. Im Zuge der stetig steigenden Lebenserwartung nehmen auch degenerative Erkrankungen der Wirbelsäule und der Gelenke zu. Dies hat zu einem Anstieg der Nachfrage bei operativen und konservativen Therapiemaßnahmen geführt. Gleichzeitig ist auch eine höhere Zahl von Verletzungen des Bewegungsapparates durch Verkehrs-, Arbeits- und Sportunfälle zu beobachten.

Das Ziel der Rehabilitation ist immer eine möglichst vollständige Wiederherstellung der gestörten Funktionen des Bewegungs- und Stützapparates. Ein weiterer Schwerpunkt ist die Schmerzlinderung. All dies soll den Patienten einen möglichst hohen Grad an Selbstständigkeit im Alltag, die Erwerbsfähigkeit sowie

Patientenzimmer, 2013

Übungsraum, 2013

gesellschaftliche Teilhabe ermöglichen. In den ersten Jahren wurden jährlich durchschnittlich 1.500 Personen stationär und bis zu 2.000 Personen ambulant im Reha-Zentrum behandelt. Im Jahr 2020 versorgte das Reha-Zentrum am Kontumazgarten 1.264 Patienten stationär und 1.387 Patienten ambulant.

Viele der externen Patienten sind wegen Hüft-, Knie- oder Schulterbeschwerden in Behandlung. Weitere Krankheitsbilder sind Arthrose, Osteoporose sowie verschiedene Wirbelsäulenerkrankungen, aber auch Unfall- und Sportverletzungen. In der Regel werden 50 Trai-

ningseinheiten zu je 45 Minuten verordnet, die innerhalb von 18 Monaten zu absolvieren sind.

Neben Physiotherapie bietet das Zentrum Massagetherapie, Sporttherapie, Elektro- und Hydrotherapie, Ergotherapie sowie eine Ernährungsberatung an. Dieses breite Spektrum spiegelt sich auch in den Behandelnden wider, insgesamt etwa 70 Personen. Neben Ärzten und Pflegekräften arbeiten im Reha-Zentrum Physiotherapeuten, Ergotherapeuten und Ernährungsberater mit den verschiedensten Qualifikationen, Aus- und Weiterbildungen.

Die Arbeit im Reha-Zentrum steht hierbei auf zwei Säulen: der Diagnostik und der Therapie. Bei der Diagnostik geht es darum, durch eine fundierte Bestandsaufnahme die optimale Behandlung zu ermöglichen. Hierzu gehören neben einer medizinischen und einer biopsychosozialen Anamnese auch verschiedene körperliche Untersuchungen, inklusive Labor, Röntgen und Sonographie bis hin zu Schnittbildverfahren mit Hilfe von MRT und CT.

Die darauffolgende Therapie liegt anschließend in den Händen eines multidisziplinären Teams aus Ärzten, Pflege-

Übungen mit Patienten, 2014

kräften und Therapeuten. Hinzu kommen Beratungsangebote wie eine Ernährungs- und Diätberatung oder eine Sozialberatung. Abgerundet wird die Therapie durch eine psychologische Betreuung sowie die Patientenschulung in verschiedenen Bereichen.

Bereits Ende 2013 erfolgte die Zertifizierung des Reha-Zentrums nach dem QRehaModell, das sich an DIN EN ISO 9001 orientiert. QReha ist speziell auf Einrichtungen der Rehabilitation zugeschnitten und erfüllt die gesetzlichen An-

forderungen der Bundesarbeitsgemeinschaft für Rehabilitation e.V. (BAR). Die Rezertifizierung fand im September 2016 statt und wurde erfolgreich bestanden.

Rückentherapiezentrum

2013 wurde von den Kliniken Dr. Erler und dem Reha-Zentrum das Rückentherapiezentrum für konservative und operative Wirbelsäulentherapie gegründet. Hierdurch konnte das Therapieangebot für Rückenerkrankungen, insbesondere im nichtoperativen Be-

reich, erweitert werden. Die Säulen bilden konservative, multimodale, minimal-invasive/semi-invasive sowie operative Therapien. Die Physiotherapeuten im Rückentrainingszentrum setzen dabei auf konservative »Therapiebausteine«. Ziel ist es, die Patienten dabei zu unterstützen, häufig wiederkehrende Wirbelsäulenbeschwerden besser zu verstehen, um diese anschließend gezielt behandeln zu können sowie weiteren Beschwerden vorzubeugen.

Patienten auf Gartenbank, 2019

BGSW und EAP

Die Berufsgenossenschaftliche Stationäre Weiterbehandlung (BGSW) und die Erweiterte Ambulante Physiotherapie (EAP) sind zwei breitgefächerte Reha-Konzepte, die im Reha-Zentrum zur Anwendung kommen. Die BGSW umfasst stationäre Maßnahmen zur medizinischen Rehabilitation – insbesondere eine intensive Übungsbehandlung. Sie wird vor allem bei schweren Verletzungen des Stütz- und Bewegungsapparates sowie des zentralen und peripheren Nervensystems eingesetzt und schließt an die Akutbehandlung an. Die BGSW deckt den Zeitraum ab, in dem ambulante Leistungen zur medizinischen Rehabilitation nicht ausreichen oder nicht möglich sind.

Bei einer EAP kann der Patient Zuhause übernachten. Sie dient der Funktionswiederherstellung oder -verbesserung nach Unfallverletzungen mit Störungen ganzer Funktionsketten oder nach Berufskrankheiten. Behandlungen, die in der Standardtherapie meist isoliert zur Anwendung kommen (Krankengymnastik/ Physiotherapie, Massage, Elektro-therapie), werden um die Medizinische Trainingstherapie ergänzt, zusammengeführt und – in einer Kombination, die auf jeden Patienten individuell zugeschnitten wird – umgesetzt.

Musikersprechstunde

Seit 2016 bietet das Reha-Zentrum eine Musikersprechstunde an, die sich insbesondere an Profi-Musiker richtet. Berufsmäßige Musiker üben täglich mehrere Stunden mit ihrem Instrument und vollführen hierbei hochkomplizierte Bewegungsabläufe. Sie erbringen häufig aus körperlicher Sicht ähnliche Leistungen wie Spitzensportler. Letztere werden in der Regel von einem ganzen Team an Ärzten, Trainern und Therapeuten betreut. Musiker habe diese Möglichkeiten normalerweise nicht. Das Reha-Zentrum am Kontumazgarten bietet als erstes in der Metropolregion Nürnberg eben dies an. In einem ersten Schritt werden die Bewegungsmuster der Musiker untersucht und analysiert. Dies kann prophylaktisch auch für Musiker ohne Beschwerden interessant sein, um zu ler-

nen, späteren Problemen vorzubeugen. Typische Krankheitsbilder sind hierbei Gelenk- und Wirbelsäulenbeschwerden, Muskelverspannungen sowie Sehnenentzündungen.

Im Anschluss an die ausführliche Diagnostik werden die bereits bestehenden Schäden physiotherapeutisch behandelt. Durch die enge Verzahnung mit den Kliniken Dr. Erler können bei Bedarf auch Fachärzte hinzugezogen werden.

In eine ähnliche Richtung geht das Angebot für Triathleten. Auch diese haben häufig mit Beschwerden am Bewegungsapparat zu kämpfen. Zusammen mit einem Personal Fitness Trainer wird ein individuelles Trainingsprogramm mit Kräftigungs- und Dehnübungen erstellt.

Gehschule für Prothesenträger

Ein weiteres Spezialangebot des Reha-Zentrums ist die Gehschule für Prothesenträger, vor allem bei Beinprothesen. Die Abnahme eines Fußes oder eines Teils des Beins ist heute die häufigste in Deutschland vorgenommene Amputationsform. In der Gehschule erlernen die Patienten den Umgang mit der Prothese und die Verwendung von Gehstützen. Hierzu gehört auch das Anziehen des Liners und das Anlegen der Prothese. Des Weiteren trainieren sie das Aufstehen, das freie Stehen und das Gehen mit der Prothese. Wichtig ist insbesondere

Dachgarten mit Rundweg, 2020

die Betreuung in den ersten Wochen nach der Operation, in denen sich der Stumpf häufig nochmal verändert und die Prothese angepasst werden muss. In der Gehschule arbeiten die Therapeuten eng mit den behandelnden Ärzten und Orthopädietechnikern zusammen.

Rundweg auf dem Dach

Mithilfe einer großzügigen Spende von 20.000 Euro der Manfred-Roth-Stiftung des 2010 verstorbenen Norma-Gründers konnte auf dem Dach des Reha-Zentrums ein Reha-Rundweg angelegt werden. Weitere Mittel kamen von der Dr. Erler Stiftung sowie von ehemaligen Patienten. Auf verschiedenen Untergründen und Gefällen können die Patienten gezielt ihre Stand- und Gangsicherheit trainieren. So finden frisch operierte Patienten Schritt für Schritt zurück ins Gleichgewicht.

Erste Bilanz nach 10 Jahren

Die DR. ERLER REHA kann 10 Jahre nach ihrer Eröffnung als voller Erfolg gesehen werden. Von den jährlich etwa 3.500 behandelten Patienten sind über die Hälfte intern eingewiesen worden. Sie wurden also vorher in den Kliniken Dr. Erler operiert. Etwa 40 Prozent befanden sich hierbei in stationärer Behandlung. Die durchschnittliche Verweildauer beträgt 20 Tage. Die DR. ERLER REHA ist das einzige stationäre Rehabilitationszentrum für Erkrankungen des Haltungs- und Bewegungsapparates in Nürnberg. Die 25 Millionen Gesamtvolumen des Projekts wurden unter dem Geschäftsführer Markus Stark aus eigener Kraft ohne Fördermittel selbst gestemmt bzw. fremdfinanziert.

Vor Ort und ambulant

DR. ERLER MVZ

Mit dem Gesundheitsmodernisierungsgesetz vom 1. Januar 2004 begann für Deutschlands Krankenhäuser eine neue Zeitrechnung: Die bisherigen »gedeckelten Budgets« hatten ausgedient und wurden vom neuen »Wachstumsdenken« abgelöst. Auch die Kliniken Dr. Erler waren nun gezwungen, im Gesundheitsmarkt Leistungen über ihre bisherigen Budgetgrenzen hinaus erzielen, um wirtschaftlich weiterhin erfolgreich bestehen zu können. Im Rahmen der zunehmenden »Ambulantisierung« war abzusehen, dass diese zusätzlichen Leistungen nicht vorrangig im stationären Bereich des Akut-Hauses würden erbracht werden können: Der medizinische und technische Fortschritt hatte zur Folge, dass Leistungen, die früher einen stationären Aufenthalt mit sich brachten, immer häufiger ambulant – und damit günstiger – durchgeführt werden konnten. Damit einher ging auch eine Kehrtwende bei den jahrzehntelang gestiegenen Fallzahlen in den Krankenhäusern.

Nach der Erweiterung ihres Leistungsportfolios mit der Eröffnung der DR. ERLER REHA im Jahr 2014 machten die Kliniken Dr. Erler daher den zweiten Schritt mit dem DR. ERLER MVZ (Medizinisches Versorgungszentrum). Im April 2019 eröffnete das DR. ERLER

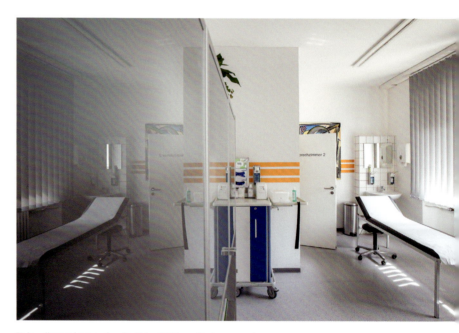

Behandlungszimmer des Dr. Erler MVZ am Kontumazgarten

MVZ gegenüber der Klinik im Gebäude Kontumazgarten 11 – mit der Spezialisierung auf die Behandlung orthopädischer Erkrankungen im Rahmen der Physikalischen und Rehabilitativen Medizin. Die Versorgungsform der Medizinischen Versorgungszentren, die bis 2015 nur fachübergreifend tätig sein durften, war

mit dem Gesundheitsmodernisierungsgesetz 2004 eingeführt worden. Ein MVZ bietet Ärzten die Möglichkeit, an der ambulanten vertragsärztlichen Versorgung teilzunehmen, ohne das mit einer eigenen Praxis verbundene Risiko eingehen zu müssen. Die Kliniken Dr. Erler gGmbh gründete daher eine gemeinnüt-

2019 eröffnete das DR. ERLER MVZ im Gebäude
Kontumazgarten 11 gegenüber der Klinik

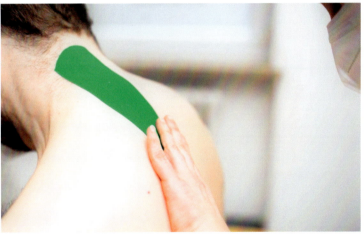

zige GmbH als Trägergesellschaft des
MVZ, deren einzige Gesellschafterin sie
ist.

Damit verfolgten die Kliniken Dr. Erler verschiedene mittel- und langfristige
Ziele. Zum einen eine Entlastung der
Notaufnahme: Patienten, bei denen trotz
Schmerzsymptomatik keine Indikation
für eine stationäre Aufnahme oder Operation besteht, sollen im MVZ ambulant
versorgt werden können. Aber auch
präoperative Versorgungen und die post-
stationäre Nachsorge können im MVZ
stattfinden. Zudem soll mit dem MVZ die
Lücke zwischen einweisenden Ärzten
und dem Akut-Haus der Klinik geschlossen werden.

Im Januar 2021 kam das DR. ERLER
MVZ in Mögeldorf in der Laufamholz-
straße 57 hinzu und im April 2022 ergänzte das Dr. Erler MVZ Langenzenn in
der Nürnberger Straße 49 das Spektrum.

Aufstocken, erweitern, umbauen 2013–2022

Der Architektenbericht

Ein Bericht von Krampe Schmidt Architekten

Was tun, wenn dank eines guten Rufs und einer hohen Nachfrage relevante Klinikflächen fehlen? Wenn es an entsprechenden Parkplätzen mangelt? Aufgrund der großen Patientenauslastung galt es in den vergangenen Jahren, die Kliniken Dr. Erler erneut umzubauen und, da wichtige Grundstücksflächen fehlten, in die Höhe zu erweitern.

Bei laufendem Klinikbetrieb plante und begleitete das Architektenteam von Krampe Schmidt von 2015 bis 2022 insgesamt drei Baumaßnahmen. Zunächst vergrößerten und begrünten sie das bestehende Parkhaus. Um OP-Kapazitäten zu ergänzen, erweiterten die Architektinnen und Architekten außerdem die bestehende OP-Abteilung um einen aufgeständerten Anbau. Und schließlich stiegen sie der Klinik buchstäblich aufs Dach und vergrößerten die Wahlleistungsstation um zwei zusätzliche Geschosse.

1. Baumaßnahme: Aufstockung und Erweiterung des Parkhauses (2015)

Um der gestiegenen Nachfrage nach Parkplätzen gerecht zu werden, plante und begleitete das Architektenteam im Jahr 2015 die Erweiterung und Überdachung des bestehenden Parkhauses. Hier entstanden 86 neue Stellplätze. Außerdem sorgt die vertikale Begrünung des Gebäudes für eine natürliche, grüne Außenhaut und für ein gutes Klima.

2. Baumaßnahme: Erweiterungsbau für neue OP-Säle, einen Aufwachraum und eine Zentralsterilisation (2017–2022)

Weitere OP-Kapazitäten konnten im Rahmen einer zweiten Baumaßnahme auch dank der Förderung der Bayerischen Staatsregierung ausgebaut werden. Ein aufgeständerter Erweiterungsbau schuf 2017 nicht nur Platz für einen neuen Hybrid-OP, sondern auch für größere OP-Räume. Bei laufendem Klinikbetrieb planten die Architektinnen und Architekten außerdem einen neuen Aufwachraum, ein Isolierzimmer, einen Eingriffsraum, weitere Untersuchungs- und Behandlungsräume, ebenso wie eine neue, deutlich vergrößerte Zentralsterilisation. Letztere entstand 2019 und trägt den gestiegenen Anforderungen durch den Betrieb von insgesamt elf OP-Sälen Rechnung.

Der aufgeständerte Erweiterungsbau steht auf sechs Meter hohen Stützen und überspannt neben der Rettungszufahrt auch den Wirtschaftshof der Klinik. Als

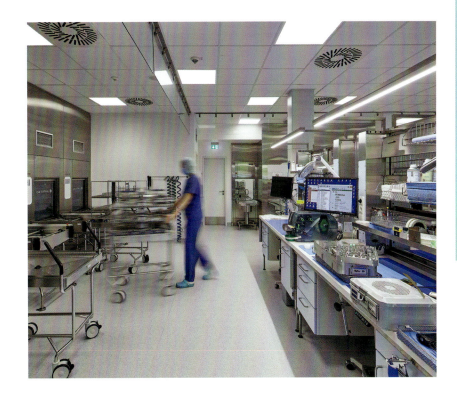

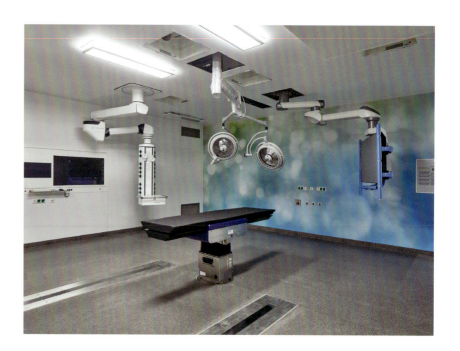

wichtiger Lückenschluss ist er mit dem Bestandsgebäude verbunden und fügt die beiden bestehenden OP-Bereiche sinnvoll zusammen.

2022 schließlich widmete sich das Architektenteam dem Umbau bestehender OP-Abteilungen sowie einem neuen Aufwachraum und Umbettbereichen im Erweiterungsbau. Auch die Intensivstation konnte hier vergrößert werden. Ein geräumiger und ansprechend gestalteter Aufenthaltsraum für die Mitarbeitenden der OP-Abteilung sorgt außerdem für entspannte und erholsame Pausen im hektischen OP-Betrieb.

3. Baumaßnahme: Aufstockung einer Komfortstation mit Lobby (2018–2021)

Als bislang letzte Baumaßnahme sollte 2019 auf rund 1.200 Quadratmetern Platz für eine neue Wahlleistungsstation mit 18 Komfort-Einbettzimmern, einer Lobby und entsprechenden Technikflächen entstehen. Diese Räume fanden ihre optimale Position in einer ein- bzw. zweigeschossigen Überbauung zweier Gebäudeteile und in einem weiteren aufgeständerten Bereich.

Die 2021 fertiggestellten Bauabschnitte bieten Raum für qualitätvolle Patientenzimmer mit ausgewählter Innenausstattung und gemütlicher Atmosphäre. Die wohnlichen Zimmer sind hochwertig ausgestattet und sorgen dank steuerbarem Beleuchtungskonzept und großzügigen Fensterflächen für viel Licht und Helligkeit. Als besonderen Clou erlauben einige dieser Zimmer mit ihren bodentiefen Fenstern einen direkten Blick auf die Nürnberger Burg und bieten beste Aussicht auf Heilung.

30 Jahre Klinikarchitektur

Über einen Zeitraum von über 30 Jahren hat das Team von Krampe Schmidt Architekten die Kliniken Dr. Erler seit 1989 in mehreren großen Bauphasen und vielen kleineren Unterbaumaßnahmen sukzessiv umgebaut und erweitert. Bei laufendem Betrieb wurden OP-Bereiche ergänzt, Bettenhäuser saniert und aufgestockt sowie neue Gebäude errichtet. Mit der Wahlleistungsstation konnten zuletzt weitere wertvolle Räume generiert und Dachflächen auf diese Weise maximal genutzt werden.

Projektsteuerung: Planung und Ausführung

Der Ingenieurbericht

Ein Bericht von WSP Deutschland AG

▶ Die WSP Deutschland AG – ehemals CBP – wurde von den Kliniken Dr. Erler mit der Projektsteuerung nach AHO betraut. Die wesentlichen Aufgaben über alle Leistungsphasen sind u.a.:

- Strukturierung und Organisation des Projektes und der Projektabwicklung
- Verfolgung der Projektziele
- Vorgeben, Steuern und Fortschreiben des Kosten-Rahmens
- Beratung im Förderverfahren gemäß dem Krankenhausfinanzierungsgesetz
- Kostenkontrolle und Rechnungswesen
- Beratung zur Vergabe- und Vertragsstruktur sowie den Inhalten der Architekten- und Ingenieurverträge einschließlich Vertragsmanagement und Prüfen der Honorarrechnungen
- Koordination und Kontrolle der Vergabeverfahren inkl. Nachtragsmanagement
- Vorgeben, Steuern und Fortschreiben des Terminrahmens
- Prüfen der Vertragspflichten und Mitwirken bei der Durchsetzung

Oberste Priorität des Bauherrn während aller Sanierungsphasen war die Aufrechterhaltung der Bettenzahl und der – möglichst ungestörte – Weiterbetrieb aller Funktionsstellen. Insofern musste die Ausführung im laufenden Betrieb erfolgen, was im Besonderen während der Pandemie für die Nutzer und die Bauausführenden eine Herausforderung darstellte.

Im Zuge der Realisierung der Bauabschnitte wurden nicht nur moderne Patientenzimmer geschaffen, sondern stets auch der Weiterentwicklung in der medizinischen Versorgung und den Veränderungen im Gesundheitswesen Rechnung getragen. Dementsprechend wurde das Raum- und Funktionsprogramm für die Anforderungen kontinuierlich weiterentwickelt:

So wurde im Zuge des ersten Bauabschnitts die Radiologie mit MRT und Computertomographie als Kooperationsmodell zusätzlich eingerichtet.

Die zentrale Aufnahme- und Behandlungsebene wurde nach neuesten Standards mit dem zweiten Bauabschnitt realisiert.

Im dritten Bauabschnitt ist die weitere Spezialisierung in die Fachabteilungen für Gefäß- und Viszeralchirurgie in der Planung berücksichtigt. Die ambulanten OP-Einheiten für die zukunftsorientierte medizinische Versorgung hat der Krankenhausträger aus Eigenmitteln finanziert.

Die medizinische Entwicklung und die Leistungszahlen erforderten zwei zusätzliche OP-Einheiten, die mit einem Computertomographen als Hybrid-OPs für minimalinvasive Eingriffe ausgestattet sind. Gleichzeitig wurde die Raumanordnung für eine optimale Nutzung neu strukturiert, wobei z.B. ein neuer Aufwachraum geschaffen wurde. Die Anlagen für die Zentralsterilisation sowie die Dampferzeugung wurden ersetzt und dem Bedarf entsprechend neu verortet.

Neben dem medizinischen Angebot gehört mittlerweile eine Wahlleistungsstation mit »Hotelcharakter«, d.h. mehr Fläche, höherem Standard in der Ausstattung und Gestaltung sowie entsprechendem Service für Privatpatienten zu einem modernen Klinikum.

Je Bauabschnitt wurden ca. 65 Bau- und Lieferaufträge vergeben. Erfreulicherweise waren über die öffentliche Auftragsvergabe viele mittelständische Unternehmen aus der Region beteiligt.

Grundlage für die erfolgreiche Projektabwicklung war und ist die enge und vertrauensvolle Zusammenarbeit mit dem Staatsministerium, der Regierung von Mittelfranken und vor allem dem Bauherrn und den Planungsbeteiligten.

1. Was gebaut und saniert wurde

Klinik gesamt	Nutzfläche	13.044 m²	für	Unfallchirurgie
	Bruttogeschoßfläche	30.892 m²		Handchirurgie
	Bruttorauminhalt	113.014 m³		Orthopädie
				Allgemeinchirurgie mit Viszeral- und Gefäßchirurgie
	244 Betten inkl. 10 Intensivbetten			Radiologie
	18 Wahlleistungsbetten			Physikalische Therapie mit Bewegungsbad

2. Wie und wo gebaut wurde

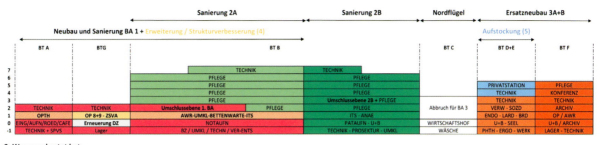

3. Was es gekostet hat

Gesamtkosten in € brutto			NF in m²	BRI in m³	€ / NF	€ / BRI	bebaute Fläche (inkl. umgebaute Fläche)
BA 1	26.540.931 €		3.038	31.150	8.736 €	852 €	
2A	11.382.358 €		2.805	18.189	4.058 €	626 €	
2B	10.453.867 €		2.760	16.261	3.788 €	643 €	
3A	11.995.458 €		1.988	16.239	6.034 €	739 €	
3B	13.326.547 €		1.996	15.186	6.677 €	878 €	
(4)	20.500.000 €		1.482	10.989	13.833 €	1.866 €	geschätzte Abrechnung
Dampfzentrale	1.208.000 €		176	634	6.864 €	1.905 €	geschätzte Abrechnung
(5)	8.900.000 €		456	5.705	19.518 €	1.560 €	geschätzte Abrechnung / 100% eigenfinanziert
gesamt	104.307.161 €		14.701	114.353	7.095 €	912 €	

Davon wurden	67.200.884 €	64,4%	vom Freistaat Bayern gefördert	inkl. geschätzter Index für (5)
Davon wurden	37.106.277 €	35,6%	von den Kliniken Dr.Erler finanziert	

Ausführungszeit (bis Übergabe)

10/1995 – 12/1998: Bauabschnitt 1

Neubau, Erweiterung und Sanierung angrenzender Bestand für Untersuchung und Behandlung, 6 OPs, Küche, Cafeteria

04/1999 – 03/2001: Bauabschnitt 2 A

Sanierung und Aufstockung 1. Teilabschnitt im Bettenhaus

05/2001 – 06/2004: Bauabschnitt 2 B

Sanierung und Aufstockung zweiter Teilabschnitt im Bettenhaus. Die Sanierung erfolgte in beiden Bauabschnitten in zwei Phasen mit jeweils drei Ebenen zur Aufrechterhaltung einer ausreichenden Bettenzahl

06/2004 – 11/2006: Bauabschnitt 3 A

Neubau für physikalische Nasstherapie, Labor, Verwaltung, Kapelle etc.

04/2007 – 09/2009: Bauabschnitt 3 B

Neubau für zwei Pflegeeinheiten, Konferenzräume, drei OPs, klinischer Arztdienst, physikalische Therapie, Ver- und Entsorgung etc.

01/2018 – 12/2022 Erweiterung + Strukturverbesserung (4)

Erweiterungsbau für 2 zusätzliche OPs mit einem Aufwachraum und einer neuen Zentralsterilisation, Modernisierung und Umbau der OPs 1+2 sowie Teilen der Intensivstation

01/2018 – 11/2019 Erneuerung Dampfzentrale (DZ)

Erneuerung der Dampferzeugungsanlage und Verlegung von BT E-1 nach BT G inkl. der technischen Anpassung im Rahmen einer Kontingentmaßnahme

10/2018 – 03/2021 Wahlleistungsstation (5)

Errichtung einer Wahlleistungsstation mit 18 Betten durch Aufstockung der Bauteile D+E

Investitionskosten

Von den rund 104 Millionen Euro Gesamtinvestition hat der Freistaat Bayern 67,2 Millioneno Euro – das entspricht 64,4 Prozent – nach dem bayerischen Krankenhausfinanzierungsgesetz gefördert.

Die ambulanten Versorgungseinrichtungen, Kooperationen und die Wahlleistungsstation sind grundsätzlich nicht förderfähig, d.h. sie wurden vom Träger mit Eigenmitteln finanziert.

Die zuletzt ausgeführten Maßnahmen waren geprägt von der boomenden Bauwirtschaft, den Lieferproblemen für Baumaterial während der Pandemie und den daraus resultierenden massiven Preissteigerungen.

3 Generationen: Spitzenmedizin und Menschlichkeit

Gespräch mit der Geschäftsleitun[g] der Kliniken Dr. Erler gGmbH und dem Vorstand der Dr. Fritz Erler Stiftung

Prof. Dr. med. Martin Börner, Vorstandsvorsitzender der Fritz Erler Stiftung

Markus Stark, Geschäftsführer Kliniken Dr. Erler gGmbH

Saba Dedjban, M.Sc., Kaufmännische Leitung, Prokuristin

Das Gespräch fand im November 2022 statt

▶ **60 Jahre Erler-Klinik, drei Generationen am Tisch: Wie würden Sie Ihre Zusammenarbeit beschreiben?**

Prof. Dr. Martin Börner: Seit nahezu zehn Jahren bin ich nun Vorstandvorsitzender des Stiftungsrats. Mein Stellvertreter ist Paul Klementz, der den juristischen Bereich abdeckt. Mein Hauptschwerpunkt liegt in der Betreuung und Beratung der Kliniken im medizinischen Bereich. Ich war vorher Chefarzt und Direktor der berufsgenossenschaftlichen Unfallklinik in Frankfurt.

Im Durchschnitt treffe ich mich einmal in der Woche mit dem Geschäftsführer Markus Stark in der Klinik und wir besprechen, was ansteht. Aufgrund meiner beruflichen Erfahrungen habe ich sowohl ein gutes Verständnis für die Erfordernisse der Klinik, kann mich aber auch in die Wünsche und Gegebenheiten der ärztlichen Strukturen hineindenken. An den Kliniken Dr. Erler haben wir eine hervorragende Zusammenarbeit. Es gibt zwar immer wieder Diskussionen, und wir ringen um die beste Lösung, aber nach außen treten wir mit einer Stimme auf. Was ich hier schätze, ist die enge Verbindung zwischen dem Akuthaus und

dem Verwaltungsbereich. Die kurzen Wege ermöglichen es, schnell Entscheidungen zu treffen.

Markus Stark: Ja, dies hat das Haus schon immer ausgezeichnet: Die kurzen Wege, die gute Zusammenarbeit und eine schnelle Umsetzung. Wir haben das fortgeführt und auf ein neues Level heben können.

Saba Dedjban: Wir legen Wert auf eine enge Zusammenarbeit mit – wie bereits erwähnt – kurzen Wegen, offenem Austausch und einem vertrauensvollen sowie wertschätzenden Umgang miteinander.

Wo geht die Entwicklung in der bayerischen Krankenhauslandschaft hin? Werden die Fachklinken erhalten bleiben?

Markus Stark: Der Krankenhausplan ist Ländersache. Es gibt die Grund- und Regelversorgung, Maximalversorger und Universitätskliniken und daneben noch die Fachkrankenhäuser. Fachkrankenhäuser gibt es nur in einer überschaubaren Anzahl, und sie sind eine bayerische Spezialität. Die heutige Tendenz geht eindeutig in Richtung hoher Fallzahlen und hoher Spezialisierung.

Prof. Dr. Martin Börner: Ich denke eins steht fest: Es werden ganz enorme Umstellungen und Veränderungen auf die Krankenhäuser zukommen. Da ist nicht nur die strategische Ausrichtung einer Klinik. Es geht auch darum, eine Unternehmenskultur zu schaffen, denn nur

so wird man Mitarbeiter gewinnen können. Wichtig ist es, eine Identifizierung mit dem Haus zu ermöglichen.

Die Leute haben heute eine andere Einstellung zu ihrem Beruf. Die Generation Z ist geprägt von Themen wie Klimaschutz, Familie oder Work-Life-Balance. Ein Beispiel: Wir haben für die Anästhesie einen neuen Chefarzt bzw. eine neue Chefärztin gesucht, nachdem die Vorgängerin in Pension gegangen ist. Hierbei waren wir der Ansicht, dass ein Team mit zwei gleichberechtigten Partnern schön wäre. Ich hatte hierbei meine Bedenken. Ich selbst hätte das damals nicht gewollt. Tatsächlich waren beide begeistert. Warum? Wegen der Work-Life-Balance.

Saba Dedjban: Die Schnelllebigkeit hat auch schon seit längerem die Krankenhauslandschaft erreicht. Themen wie Digitalisierung haben einen sehr hohen Stellenwert, um die Herausforderungen zu bewältigen. Der Erhalt von Fachkrankenhäusern ist wichtig, um die Spezialisierung beizubehalten.

Markus Stark: Zusätzlich müssen wir uns auch weiteren Themen widmen. Wir gehen davon aus, dass sich die Krankenhauslandschaft in 10 bis 15 Jahren ganz anders darstellen wird als heute – aufgrund des medizinischen Fortschritts, aber auch wegen der politischen Rahmenbedingungen, die gesetzt werden. Das Stichwort ist hier »Ambulantisierung«. Einerseits müssen wir die Versorgung der Patienten im kleiner werdenden stationären Bereich gewährleisten, gleichzeitig aber auch einer qualitativ

hochwertigen Medizin im ambulanten Bereich gerecht werden können. Vor diesem Hintergrund wird es sicher weiterhin Fachkrankenhäuser geben, da diese aufgrund ihrer Spezialisierung dem Wohl der Patienten dienen.

Prof. Dr. Martin Börner: Dies bedeutet aber auch, dass sich bei der Bevölkerung die Einstellung gegenüber Krankenhäusern ändern muss. Deutschland hat im Vergleich zu anderen Ländern zu viele Betten. Eine Reduzierung ist bei allen Maßnahmen, die von politischer Seite ergriffen werden, das Hauptziel. Hier geht es jedoch nicht nur um das Patientenwohl. Betten werden auch reduziert, um Kosten zu verringern. Die Leute wollen die Versorgung bei kleinen Verletzungen vor Ort haben. Bei großen Operationen fährt man weiter, auch weil der Versorger vor Ort kein Spezialist ist.

Markus Stark: Aktuell wird diskutiert, ob die Entwicklung wirklich in die Richtung der skandinavischen Länder mit ihrer Zentralisierung der Krankenhäuser gehen soll. Dabei ist der Vergleich über Ländergrenzen hinweg problematisch. Das hat auch sozioökonomische Gründe: Es gibt kulturelle Unterschiede, und es gibt Unterschiede in der Anspruchshaltung. Ein System wie in Dänemark mit fünf zentralen Krankenhäusern wäre schwer vorstellbar für Deutschland.

Saba Dedjban: Da geht es immer auch um bedürfnisgerechte Angebote für die Patienten. Dies betrifft den demographischen Wandel und die höheren An-

3 Generationen im Gespräch (von links nach rechts, Markus Stark, Prof. Dr. Martin Börner und Saba Dedjban)

sprüche. Ich bin seit 2007 hier im Haus. Ich habe hier meine Ausbildung gemacht und darf seit 2013 Herrn Stark unterstützen. Seit 2017 bin ich in der Funktion der kaufmännischen Leitung. Hierbei erleben wir sehr viel, und ich sehe mich mit vielen Themen konfrontiert.

Ein Meilenstein für mich war der Ausbau unserer Wahlleistungsstation. Die Überlegung war, dass wir den Ansprüchen der Patienten gerecht werden müssen. Eine gute medizinische Versorgung wird von den Patienten als selbstverständlich erachtet. Die Anspruchshaltung der Patienten verändert sich und das ist auch gut so! Wir müssen uns dem nur immer wieder anpassen und agil sein. Unser Anspruch geht dahin, die Erwartungen zu erfüllen und neben einer bestmöglichen medizinischen Versorgung den Aufenthalt so angenehm wie möglich zu gestalten. Denn man darf nicht vergessen, dass ein Krankenhausaufenthalt für jeden persönlich eine Ausnahmesituation ist.

Kommen die Patienten hierbei vor allem aus der Metropolregion oder auch von weiter her?

Saba Dedjban: Sowohl als auch. Der Zeitpunkt der Inbetriebnahme unserer Wahlleistungsstation war mitten in der Corona-Pandemie. Das brachte Einschränkungen mit sich. Deshalb kann man das noch nicht so genau sagen. Die meisten Patienten kommen bisher aus der Metropolregion Nürnberg, Fürth, Erlangen.

Prof. Dr. Martin Börner: Wir haben durch die Spezialisierung vor allem in der Endoprothetik einen sehr großen Zulauf. Das gilt sowohl für Kassenpatienten als auch für Privatpatienten. Für beide Gruppen geht es darum, Verbesserungen zu bringen. Intern haben wir viel geändert, wie es auch den Wünschen der privaten Kassen entspricht. Einer unserer nächsten Pläne ist es, bei den Kassenpatienten ebenfalls für mehr Komfort zu sorgen.

Man muss sich hüten, den Schwerpunkt ausschließlich auf die Privatpatienten zu legen. Unser Haus macht eine Mischkalkulation. Wir haben Bereiche, die mehr kosten als sie einbringen, zum Beispiel die Notfallambulanz. Bei uns wird dann aber bei der Berechnung alles in einen Topf gegeben und das, was übrigbleibt, haben sich alle erarbeitet. Bei den privaten Kliniken ist das anders. Die sagen: »Wir machen das abteilungsbezogen« und bieten dann eben keine Notfallversorgung an.

Allerdings ist es bei uns auch nochmal anders als bei städtischen Kliniken oder Universitätskliniken, die eine Kompensation von der Stadt oder dem Land bekommen. Das haben wir nicht, wir müssen hier alles selbst erwirtschaften. Da ist es dann auch keine Zweiklassenmedizin, wenn wir hier etwas für die Privatpatienten anbieten, weil der Kostenträger das so verlangt. Wir sind für alle Patienten offen. Und dadurch, dass wir einen guten Ruf haben und auch beim Ranking immer sehr gut abschneiden, kommen natürlich auch entsprechende Patienten. Aber es ist und bleibt ein schwieriges Unterfangen, ein Krankenhaus wirtschaftlich zu führen.

Ist die Notfallambulanz eine der Pflichtaufgaben der Klinik, oder sagt die Stiftung, das wollen wir machen?

Markus Stark: Mit der Unfallchirurgie und der Notfallambulanz begann unser Gründer und Stifter, insofern ist sie ein Teil unserer DNA, auch wenn sie defizitär ist. Und die Notfallambulanz gehört zu unserem Versorgungsauftrag.

Wie wichtig sind Spezialisierungen für Kliniken?

Prof. Dr. Martin Börner: Eine gute Klinik zeichnet aus, dass sie die richtigen Spezialisierung, gute Qualität und die entsprechenden Zertifizierungen vorweisen kann: Bei uns gibt es diese in der Endoprothetik, in der Hand- und Fußgelenkchirurgie, in der Traumatologie etc. Das führt auch dazu, dass der, der zertifiziert ist, einen guten Ruf hat. Es kommen dann aber auch die schwierigeren Fälle.

Sind die Zertifikate an das Haus gekoppelt oder an die Ärzte?

Prof. Dr. Martin Börner: Das muss man als Ganzes sehen. Es sind alle beteiligt. Ein Chefarzt wurde früher ausgewählt, weil er fachlich gut war. Heute werden wesentlich mehr Anforderungen gestellt. Allein fachlich gut zu sein, reicht heute nicht mehr. Heutzutage ist ein Chefarzt auch stark in die Verwaltungstätigkeit eingebunden. Er braucht also gute Nachgeordnete. Es hängt nicht mehr alles an einer Person. Wir sind ein Team.

Markus Stark: Um eine bestimmte Leistung erbringen zu können, muss eine Klinik eine Mindestanzahl an Operationen nachweisen. Das ist auch bei uns so, etwa im endoprothetischen Bereich. Ein Zertifikat ist an das Haus geknüpft und nicht an den Operateur. Die interessante Frage ist nun, werden diese Operationen von acht bis zehn Personen erbracht oder von drei bis vier.

Dies ist auch im Kontext der Spezialisierungen und Fachkliniken zu sehen. Hier gibt es in der Krankenhausszene verschiedene Meinungen: Die einen befürworten die Mindestmenge, die anderen nicht. Wir sind hier auf jeden Fall Befürworter. Bekanntermaßen macht Übung den Meister. Es gibt Studien, die belegen, dass eine Klinik die eine bestimmte Operation sehr häufig durchführt, die Patienten auch gesünder entlässt.

Prof. Dr. Martin Börner: Die Kliniken Dr. Erler sind beispielweise im Nürnberger Raum in der Endoprothetik und hier vor allem bei Hüftoperationen führend. Da kommt keine andere Klinik zahlenmäßig heran. In unserem operativen Spektrum gibt es fast keinen Bereich mehr, in dem wir nicht zertifiziert sind. Die Zertifizierungen in den verschiedenen Bereichen bedeuten enorme Kosten, die aber nicht vergütet werden.

Saba Dedjban: Jede Zertifizierung bringt auch neue Impulse und verhindert, betriebsblind zu werden. Der Blick von außen hat schon seinen Vorteil und Sinn.

Auf welche Bereiche sind Sie besonders stolz, außer die bereits besprochenen vielfältigen Zertifizierungen?

Prof. Dr. Martin Börner: Wir können stolz darauf sein, dass wir das Erbe von Dr. Fritz Erler nicht nur erhalten und weitergeführt, sondern in vielen Bereichen auch deutlich verbessert haben. Unsere Einnahmen werden wieder investiert: Wir haben zwei neue Operationssäle eingerichtet, darunter einen sehr kostenintensiven Hybrid-OP mit einem CT, das über den OP-Tisch fahren kann. Stolz sind wir auch auf die Anbindung der Reha-Klinik. Wir haben die Spezialisierung in der Endoprothetik und der Orthopädie weiter fortgeführt. Wir sind wirtschaftlich gesund …

Saba Dedjban: … und natürlich bestrebt, den Erhalt zu sichern. Stolz sind wir aber auch auf unsere engagierten Mitarbeiterinnen und Mitarbeiter, mit denen wir gemeinsam die Herausforderungen der Corona-Pandemie bewältigt haben, die alle viel Kraft gekostet hat.

Prof. Dr. Martin Börner: Die Erler Klinik hat sich für Nürnberg und Umgebung zu einem wichtigen gesundheitsmedizinischen Standort entwickelt, der nicht mehr wegzudenken ist. Sie finden hier kaum eine andere Klinik, die derart spezialisiert ist. Der Name Erler ist einfach ein Begriff in Nürnberg, was Orthopädie und Unfallchirurgie betrifft.

Stolz sind wir auch auf die neu eingerichtete Innere Medizin zur Unterstützung der anderen Abteilungen.

In welche Richtung wird es weitergehen für die Kliniken Dr. Erler?

Prof. Dr. Martin Börner: Vom Spektrum her sind wir an der Fahnenstange ganz oben angekommen: Orthopädie, Unfallchirurgie, Handchirurgie, Wirbelsäulenchirurgie – nur die Viszeralchirurgie könnte man noch in mehrere Bereiche ausbauen, aber das ist nicht unser Kerngeschäft. 2007 haben wir die Wir-

belsäulenchirurgie von der Orthopädie abgekoppelt. Wir hatten dann ein spezielles Team, das gab es damals in fast keiner Klinik, inzwischen haben andere Häuser nachgezogen.

Ab 1. Januar 2023 wird die neue »Tagesbehandlung« eingeführt. Für mich ist es nur ein Umweg, um diese Tagesbehandlungen in die vollambulante Behandlung überführen zu können. Dadurch werden die stationären Behandlungen zahlenmäßig zurückgehen. Voraussetzung für die Tagesbehandlung ist allerdings, dass der Patient sechs Stunden behandelt wird. Darauf wird unser Haus reagieren müssen. Das wird eine große logistische Aufgabe, die vor allem auf die Verwaltung zukommt. Mit dem ambulanten Operieren entsteht ein verstärktes Konkurrenzfeld mit den niedergelassenen Ärzten, die alle ihre ambulanten Versorgungszentren haben und bereits ihre ambulanten Operationen durchführen. Die haben aufgrund ihrer bereits gesammelten Erfahrungen gegenüber der Klinik einen Startvorteil.

Markus Stark: Insgesamt gesehen gibt es einen großen Trend hin zur Ambulantisierung, in welcher Ausprägung auch immer. Sei es ambulantes Operieren, seien es die tagesgleichen Behandlungen oder dann zukünftig Hybrid-DRGs oder was auch immer da auf uns zukommen sollte. Das Thema MVZ trägt dieser Entwicklung Rechnung. Und wenn ich da auf unser Leitbild zurückgreife »Wer aufhört besser sein zu wollen, hört auf gut zu sein«, ist das etwas, was wir in den letzten Jahren gut hinbekommen haben.

Saba Dedjban: Wir sehen uns mit den MVZs nicht als Konkurrenz zu den niedergelassenen Fachärzten, sondern wir wollen hier eine Abrundung unseres Spektrums. In welche Richtung es auch gehen mag, ohne unsere Mitarbeiter geht es nicht. Ich würde mir wünschen, dass wir als Team noch mehr zusammenwachsen, denn das wird in der Zukunft noch mehr an Bedeutung zunehmen.

Werden in den nächsten Jahren dann weitere MVZs hinzukommen?

Markus Stark: Das kommt auf die weitere Entwicklung an. Wenn diese die Öffnung für diesen Bereich bedeutet, dann werden wir diesen Weg auch weiter beschreiten müssen. Das können wir nicht einfach der Konkurrenz überlassen.

Saba Dedjban: Der Trend geht derzeit dahin, ja. Man muss aber auch klar festhalten, dass MVZs uns wie jeder Klinik viel Geld kosten: Zum einen die Zahlungen an die Ärzte, die ihre Praxis aufgeben, dann die Unterhaltungskosten für Praxen und Personal. Im Gesamten rundet das MVZ aber unsere Wertschöpfungskette ab. Denn das primäre Ziel unseres Engagements ist, dass wir die Patienten nicht verlieren wollen, was uns ansonsten durch die vom Gesetzgeber vorangetriebene Abkopplung aus der Klinik drohen würde. So stellen wir eine Versorgung aus einer Hand sicher.

Ähnliche Gedanken wie hinter den MVZs standen sicher auch hinter der Einrichtung des Reha-Zentrums.

Prof. Dr. Martin Börner: Das Reha-Zentrum ist ein sehr wichtiger Teil der Erler-Klinik, da inzwischen 60 Prozent der Patienten auch bei uns die Reha machen. Die Brücke zwischen den beiden Häusern über die Deutschherrnstraße hat auch einen therapeutischen Effekt. Die Patienten haben die Sicherheit, dass ihr Operateur bei Komplikationen jederzeit zu ihnen kommen kann. Das angeschlossene Reha-Zentrum ist ein Alleinstellungsmerkmal. Und der zweite große Vorteil ist natürlich seine Zentrumsnähe.

Spielt nicht auch der wirtschaftliche Aspekt eine Rolle?

Prof. Dr. Martin Börner: Wir haben 90 Betten, und das ist die unterste Grenze, damit es sich wirtschaftlich einigermaßen trägt. Wir sehen eher einen Synergieeffekt. Grundgedanke ist sicher nicht, mit dem Reha-Zentrum das lukrative Geschäft zu machen. Wenn das so wäre, müssten wir sie schließen.

Markus Stark: Das Reha-Chefarztmodell ist auch ein Team-Chefarztmodell analog zur Anästhesie. Sie sind fester Bestandteil des Chefarzt-Kollegiums des Akuthauses, wenn diese sich einmal im Monat treffen. Diese enge Verzahnung haben sie in ganz wenigen Häusern, für die Patienten bringt das viele Vorteile.

Saba Dedjban: Zur Ausstattung der Reha ist zu sagen, dass diese sehr hochwertig gewählt wurde: Hell, in warmen Tönen – und jeder Patient genießt ein Einzelzimmer unabhängig vom Versichertenstatus.

Ist Ihr Blick in die Zukunft eher von Optimismus oder Pessimismus geprägt?

Markus Stark: Grundsätzlich gilt zurzeit: Es treffen steigende Inflation auf staatlich reglementierte Preise. Das führt zu einer massiven Unterdeckung. Momentan gibt es keine entsprechende Kompensation dafür, außer für den Energiebereich. Noch sind wir ein wirtschaftlich sehr gesundes Krankenhaus, aber ich bin sehr gespannt auf die Entwicklung in den nächsten Monaten.

Prof. Dr. Martin Börner: Das ist auch so eine irrige Meinung in der Bevölkerung, dass die Krankenhäuser nur Gewinn machen. Für ein Unternehmen, wie es auch unser Krankenhaus ist, wäre das ja auch legitim. Es mag andere ethische Grundsätze haben, aber finanziert werden muss es. Insgesamt wird das Gesundheitswesen teurer werden, allein schon aufgrund des medizinischen Fortschritts. Die Klinik kann diese Kosten nicht weitergeben.

Saba Dedjban: Die Zahl der Krankenhäuser wird in der Tendenz sicher zurückgehen. Wir müssen für unser Haus wachsam sein, dass wir die gesellschaftlichen, kulturellen oder medizinischen Herausforderungen bewältigen können, um den Fortbestand der Erler-Klinik in dieser Trägerschaft auch für die nächsten Jahre und Jahrzehnte zu sichern. Grundsätzlich ist es immer wichtig, eine positive Haltung einzunehmen, auch wenn es absehbar ist, dass die Herausforderungen mit Sicherheit nicht weniger werden. Außerdem sollten wir den Zweck des Gründers nicht aus den Augen verlieren. Das Fortbestehen der Klinik ist das höchste Ziel, so auch die Entwicklung der DR. ERLER KLINIKEN, der DR. ERLER REHA und der DR. ERLER MVZ. Warten wir ab und schauen zuversichtlich in die Zukunft.

Die Kliniken stellen sich vor

▶ Wir sind ein modernes chirurgisch-orthopädisches Fachkrankenhaus mit internistischer Kompetenz. Unter einem Dach vereint sind die Kliniken für Orthopädie, Unfallchirurgie, Viszeral- und Gefäßchirurgie, Handchirurgie, Plastische und Mikrochirurgie, Wirbelsäulentherapie, Innere Medizin sowie die Abteilung für Anästhesiologie und Intensivmedizin.

Die DR. ERLER REHA ist therapeutisch und räumlich direkt an die DR. ERLER KLINIKEN angebunden.

Wir sind zertifiziert nach DIN EN ISO 9001

Klinik für Orthopädie

Wir bieten modernste, exakt auf den Patientenbefund abgestimmte Therapien an. Computerplanung, minimal-invasive Operationsverfahren, innovative Implantate und der Einsatz von Robotik ermöglichen modernste, individuell abgestimmte Behandlungen. Bei Allergien oder Unverträglichkeit kommen Spezialimplantate zur Anwendung. Kurze Klinikverweildauer und frühfunktionelle Rehabilitationskonzepte führen zu schnellerer Regeneration und Belastungsfähigkeit.

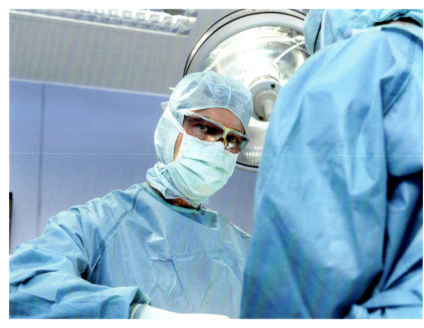

Privatdozent Dr. med. Jens Anders im Operationssaal

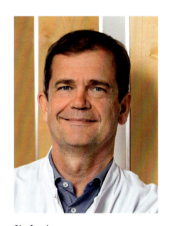

Chefarzt:
Privatdozent Dr. med. Jens Anders

Leitender Arzt:
Dr. med. Ambrosius Müller

Leitende Ärztin:
Dr. med. Ingrid Görzig

Wir sind ein
EndoProthetikZentrum
der Maximalversorgung

Klinik für Unfallchirurgie

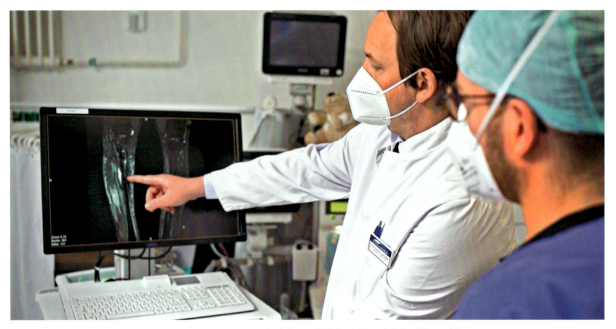

Prof. Dr. med. Roland Biber bei der Diagnostik

▶ Wir gewährleisten eine hochqualifizierte Behandlung, auch bei komplexen Sport- oder Unfallverletzungen und deren Folgen. Neben der Therapie bei Knochenbrüchen ist die Band- (vorderes Kreuzband) und Sehnenchirurgie ein Schwerpunkt. Septische Chirurgie und Endoprothetik nach Unfällen sowie die Alterstraumatologie komplettieren unser Spektrum.

Chefarzt:
Prof. Dr. med. Roland Biber

Wir sind ein zertifiziertes
Traumazentrum mit Notaufnahme

Klinik für Viszeral- und Gefäßchirurgie

Hand in Hand für das Wohl unserer Patientinnen und Patienten

▶ Wir bieten Ihnen hochspezialisierte operative Verfahren aus dem Gebiet der Viszeral- und Gefäßchirurgie an. Unsere Behandlungen richten sich nach nationalen und internationalen Leitlinien. Unsere Schwerpunkte sind die Endokrine Chirurgie, Hernienchirurgie, die Behandlung von Refluxerkrankungen, die periphere Gefäßmedizin sowie die kolorektale Chirurgie mit Schwerpunkt Dick- und Endarmkrebs.

Chefarzt:
Prof. Dr. med. Markus Kleemann

Wir sind ein zertifiziertes
Kompetenzzentrum für
Chirurgische Koloproktologie

Klinik für Handchirurgie, Plastische und Mikrochirurgie

Untersuchungssituation in der Sprechstunde

▶ Wir versorgen alle Verletzungen und Erkrankungen an Hand und Handgelenk sowie alle angeborenen und erworbenen Fehlbildungen.

Dabei setzen wir auf moderne technische Ausrüstung wie ein spezielles Operationsmikroskop und innovative Methoden. Während des Eingriffs können wir über einen mobilen Röntgen-Bildwandler den OP-Verlauf kontrollieren.

Chefärztin:
Dr. med. Gudrun Schlewitz

Jede Hand ist individuell und erfordert die für sie beste Behandlung

Klinik für konservative und operative Wirbelsäulentherapie

Dr. med. Kurt Wiendieck nutzt bei Operationen modernste Technik

▶ Individualisierte Medizin aus einem Guss: Wir decken das gesamte Spektrum der konservativen und operativen Wirbelsäulentherapie ab – präventiv, kurativ und rehabilitativ. Chronischen Rückenbeschwerden begegnen wir mit individuellen Verfahren (z.B. ANOA-Konzept, SCS Spinal Cord Stimulation). Sollte eine Operation erforderlich sein, unterstützt uns modernste Technik z.B. ein intraoperatives CT. Zusammen mit der DR. ERLER REHA haben wir ein Rückentherapiezentrum gegründet.

Chefarzt:
Dr. med. Kurt Wiendieck

Vollendoskopische und minimalinvasive Verfahren helfen, früh wieder auf die Beine zu kommen

Klinik für Innere Medizin

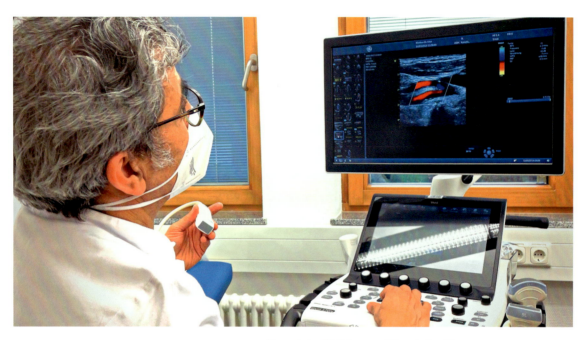

Dr. med. Jan-Ali Krüger am Ultraschallgerät

▶ Für unsere Patientinnen und Patienten bieten wir eine internistisch-kardiologische Rundumbetreuung sowie ein erweitertes Behandlungsspektrum nach Operationen in enger fachabteilungsübergreifender Zusammenarbeit im Haus. Unser multidisziplinäres Behandlungsteam aus spezialisierten Ärzten für Herzerkrankungen, Innere Medizin und Altersmedizin, Pflegekräften, Physio- und Ergotherapeuten, Fachleuten für Physikalische Therapie, Psychologen, Logopäden und Sozialdienst ermöglicht eine Behandlung, die den gesamten Menschen und sein Umfeld im Blick hat.

Chefarzt Bereich Kardiologie:
Dr. med. Jan-Ali Krüger

Ein interdisziplinäres Behandlungsset steht bei uns ganz oben

Abteilung für Anästhesiologie und Intensivmedizin

Im Bereich der Anästhesiologie ist es unser Ziel, für Sie die Operation so sicher und angenehm wie möglich zu machen. Technische Ausstattung nach aktuellem Stand und besonders schonende Narkoseverfahren sind für uns selbstverständlich. Für die Schmerztherapie haben wir Spezialisten, die nach der Operation oder auch bei einer chronischen Krankheit helfen, Ihren Heilungsprozess angenehmer zu gestalten. In der Prämedikationsambulanz wählen unsere Fachärzte jeweils das Narkoseverfahren aus, welches für Sie am besten geeignet ist.

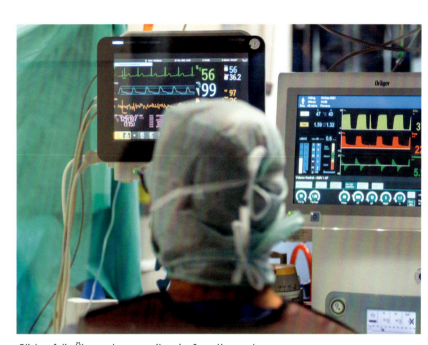
Blick auf die Überwachungsmonitore im Operationssaal

Teamchefarzt:
Dr. med. Philipp Kutz

Teamchefarzt:
Dr. med. Wolfgang Premm

Patient Blood Management
Wir sind dabei!
Silber

Wir sind eine zertifizierte Patient-Blood-Management-Klinik

DR. ERLER REHA

Wir bieten stationäre Rehabilitation in Erler-Qualität und sind auf Erkrankungen des Haltungs- und Bewegungsapparats spezialisiert – als erstes stationäres Rehabilitationszentrum im Herzen der Metropolregion Nürnberg. Im Fokus stehen Rückenbeschwerden und -operationen, Endoprothesen (Knie, Hüfte, Schulter) sowie Unfall- und Sportverletzungen. Dabei folgt das Behandlungskonzept einem ganzheitlichen, integrativen und patientenzentrierten Ansatz.

Dr. med. Siegfried Nüßlein und Dr. med. Nicole Resimius bei der Visite

Leitende Ärztin:
Dr. med. Nicole Resimius

Leitender Arzt:
Dr. med. Siegfried Nüßlein

Wir sind zertifiziert nach dem QReha-Verfahren der Bundesarbeitsgemeinschaft für Rehabilitation (BAR)

Bildnachweis

Autoren

Daniel Gürtler, geb. 1980, Historiker M.A., freiberuflicher Mitarbeiter bei Geschichte Für Alle e.V. – Institut für Regionalgeschichte.

Bernd Windsheimer, geb 1959, Historiker M.A., Geschäftsführer bei Geschichte Für Alle – Institut für Regionalgeschichte e.V., zahlreiche Veröffentlichungen zur Stadt- und Regionalgeschichte, Firmengeschichten.

Geschichte Für Alle e.V. –
Institut für Regionalgeschichte
Wiesentalstraße 32
90419 Nürnberg
Tel. 0911-30736-0
www.geschichte-fuer-alle.de